PSICOLOGÍA DEL DINERO

Cambie su mentalidad y alcance el éxito

Superar los miedos, evitar los malos hábitos y ganar dinero con el trading

WARREN MEYERS

WARREN MEYERS ACADEMY

Reconocimiento

Quiero agradecerles por comprar mi libro y por confiar en mí, sinceramente ... ¡Gracias!

Escribir un libro es más difícil de lo que pensaba y más gratificante de lo que jamás hubiera imaginado.

Mi agradecimiento es a todos ustedes, lectores, les agradezco porque sin ustedes no podría ser lo que soy, sin ustedes mis libros simplemente... ¡no existirían!

Me gustaría presentarles todos mis trabajos y, si les gustan, los invito a dejar una calificación positiva; ¡Esto me ayudará a continuar mi trabajo y ayudará a otras personas a comprar lo que buscan!

De nuevo ... ¡Gracias!

Warren Meyers

Descubres mis libros

Tabla de contenidos

INTRODUCCIÓN

El éxito en el trading se logra en un 80% por psicología y un 20% por metodología.

Partiendo de esta creencia, he escrito este manual de una manera simple que ayudará especialmente a los novatos y a comprender cómo la imparcialidad puede ayudarte a tener éxito en el comercio.

Negociar no es sinónimo de juego. Operar en los mercados financieros no es un juego ni siquiera un pasatiempo. Tu enfoque debe ser extremadamente serio y disciplinado, sobre todo, tu enfoque debe estar en salvaguardar el capital que decide invertir.

Conocer tu carácter, tus miedos, tus objetivos, saber explotar todo esto a tu favor, es sin duda un arma más.

Saber qué enfoque tuvieron Steve Jobs, Elon Musk y otras personas importantes de nuestro tiempo y del pasado, nos ayuda a comprender cuál es la actitud correcta a adoptar para lograr nuestras metas en la vida.

Juntos veremos cómo podemos aprender a reconocer nuestros talentos primero y usarlos más tarde.

Finalmente, saber cómo las emociones colectivas están en la base de los movimientos del mercado y cómo influyen en ellos, junto con una rigurosa disciplina, nos ayuda a sacar el máximo partido a los mercados, intentando siempre arriesgar lo mínimo posible.

CAPÍTULO UNO
¿QUÉ ES LA MENTALIDAD?

Pensamiento de Walter D. Wintle

Si crees que ha sido golpeado, lo estás;
Si crees que no te atreves, no lo hagas.
Si quieres ganar, pero crees que no puedes
Es casi un juego de niños.

Si crees que perderás, has perdido;
Porque en este mundo encontramos
Que el éxito comienza con la voluntad de una persona
Todo está en el estado de ánimo.

Si crees que te superan, lo estás;
Tienes que pensar alto para ascender.
Tienes que estar seguro de ti mismo antes
Siempre puedes ganar el premio.

Las batallas de la vida no siempre van
Al hombre más fuerte o más rápido;

Pero tarde o temprano la persona que gana

¡Es el que piensa el que puede!

Qué es la mentalidad

Para poder hablar de ello y poder explotarlo, primero necesitamos definir cuál es la mentalidad. Con este término nos referimos, en general, al conjunto de condicionamientos y creencias que la mente ha asimilado a lo largo de nuestra vida. Esta actitud mental habitual caracteriza nuestras formas de reaccionar y actuar en determinadas circunstancias. En cierto sentido podemos definir la mentalidad como nuestro comportamiento habitual ante situaciones que se nos presentan.

Por ejemplo, si una persona está convencida de que no puede hablar en público, probablemente tenderá a evitar ocasiones en las que sea necesario mostrar sus habilidades frente a los demás. Esto conduce a una inseguridad generalizada, que si no se aborda se volverá cada vez más profunda en su mente, llevándolo a rendirse y entregarse por temor a cometer errores.

Esta es precisamente una de las razones por las que encuentro indispensable conocerse a uno mismo. Conocer tus límites, tus miedos, tus dificultades y poder admitirlos es un paso importante hacia la posibilidad de superar tus límites. Aunque muchas veces sean límites imaginarios que nos ponemos nosotros mismos cuando, en realidad, son nuestros miedos los que hablan y nos hacen creer que hay obstáculos que son imposibles de superar.

Partimos del supuesto de que nada presenta un problema insuperable, a veces lo que se necesita es tener las armas adecuadas para la batalla y un poco de ayuda para salir al campo y luchar.

4 personalidades diferentes

La fuerza de voluntad a veces no tiene nada que ver con la capacidad de hacer más, a veces son las fuerzas dentro de ciertas personas las que las motivan a actuar.

La idea de que las tendencias pueden ser innatas es muy llamativa.

Gracias a la investigación nos hemos dado cuenta de que las personas caen en una de cuatro tendencias distintas: el obligador, el que pregunta, el rebelde y el partidario. Cada uno de ellos tiene cierta influencia en cómo te motivas para completar tareas y metas.

Identifica tu tendencia al comprender cómo responde a las expectativas. ¿Eres interno, externo o ninguno? A continuación, te indicamos cómo puedes utilizar tu tendencia interna para ser más productivo y lograr tus objetivos:

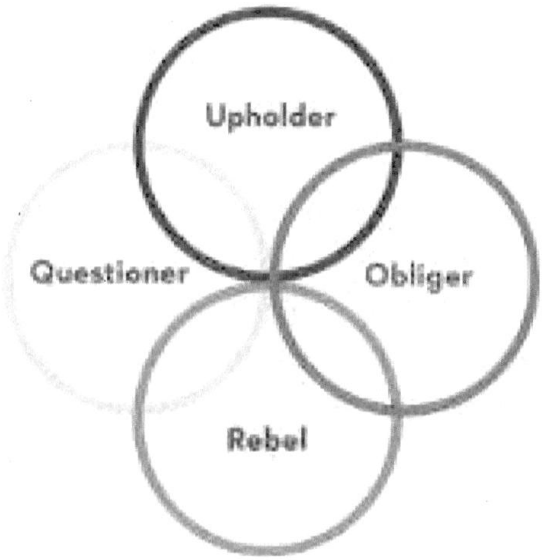

Figura n.1 Personalidad

Obligado

Los bonos satisfacen fácilmente las expectativas externas. Ejecutan proyectos a tiempo cuando alguien más cuenta con ellos, pero luchan con las expectativas internas, como establecer decisiones personales. A veces, el hecho de que hayan intentado cambiar hábitos y hayan fallado les trae decepción e incapacidad para volver a intentarlo.

El deudor necesita responsabilidad externa para cumplir con las expectativas internas. Son buenos organizando plazos y gestionando equipos. Esto está en todas partes en el lugar de trabajo.

Si eres un empleado que se encuentra en un ambiente laboral que promueve la autonomía, o si trabajas por tu cuenta, tendrás que crear esa responsabilidad. Dile a tu colega o jefe qué hora ha pautado. Encuentra un socio responsable y establece metas diarias o semanales probándose mutuamente. Toma lecciones e inscríbete con un amigo que se molestará porque no aparezcas. En cambio, podrías pensar en ti mismo como un modelo a seguir para que otros lo sigan.

Los obligados a menudo piensan que necesitan salir de esta tendencia y orientarse internamente, pero eso no es necesario, hay cientos de formas de crear responsabilidad externa, y eso es lo que necesitan los empleados.

Preguntador

Los interrogadores cuestionan todas las expectativas. Quieren saber por qué deberían hacer algo porque están profundamente comprometidos con la lógica y la eficiencia.

Los interrogadores tienen dificultades para tomar decisiones porque necesitan más información. Necesitan razones y, a veces, incluso justificaciones para encontrar motivación. Si están en el trabajo y se sienten estúpidos, no lo harán.

Esta tendencia se puede culpar por la falta de respeto o por no ser un jugador de equipo, porque parece que están intentando minar la credibilidad. Algunos trabajos se solicitan nuevamente y otros no. Los entrevistadores deben aprender a hacer preguntas de manera constructiva.

Rebelde

Los rebeldes afrontan todas las expectativas, externas e internas. Hacen lo que quieren, como y cuando quieren, actuando desde la fuente de la libertad, la elección y la autoexpresión. Cuando alguien intenta que el rebelde haga algo, se resiste.

La personalidad es tan importante para un rebelde. Por ejemplo, un rebelde puede resistirse a asistir a una reunión de personal a las 10 de la mañana porque odia que le digan a dónde ir y cuándo presentarse.

Como rebelde, trata de recordar con frecuencia qué reputación y objetivos deseas alcanzar. Si es necesario, habla contigo mismo y trata de decirte lo que pensarán de ti si no vas a esa reunión o estudias ese tema.

A los rebeldes también les gusta enfrentar desafíos como completar un proyecto dentro de un calendario ambicioso o tener una competencia amistosa para superar a otros miembros de su grupo. También les encanta desafiar las expectativas demostrando que los demás están equivocados.

Apoyo

Seguramente utilizarán tendencias internas para encontrar la motivación para actuar, lograrán cumplir con las expectativas tanto internas como externas. Respetan plazos, reglas y expectativas y toman decisiones sin muchos problemas.

Aunque esta tendencia suena a perfección de desempeño, uno de los problemas de los defensores es que pueden ser vistos como duros, lo que les dificulta cambiar de marcha cuando cambian las circunstancias. También luchan cuando se encuentran en un entorno de trabajo que enfatiza la flexibilidad.

En algunas organizaciones, el gerente puede decir: "Escuche, debe hacer lo que sea necesario para realizar esta venta". Lo cual es genial para un rebelde, pero un defensor quiere saber cuál es el camino correcto. Si hay una regla, no la violan.

Si eres un defensor, tienes éxito en las rutinas y los horarios. Solo tienes que tomar una decisión y luego puedes hacer lo que quieras.

Nuestra tendencia da forma a todos los aspectos de nuestro comportamiento, por lo que comprender esta estructura nos permite tomar mejores decisiones, cumplir con los plazos, sufrir menos estrés y agotamiento e interactuar de manera más efectiva. Las cuatro tendencias explican por qué actuamos y por qué no actuamos.

Satisfacer las necesidades básicas

Una necesidad puede ser la falta total o parcial de uno o más elementos que ayuden a una persona a sentirse bien. En sí misma, sin embargo, esta carencia no es suficiente para actuar, hay acciones que no se originan en una carencia.

Una necesidad psicológica no siempre es superponible a la necesidad psicofisiológica (a menudo encontramos esto en la dependencia psicológica de drogas que no causan dependencia física).

Cuando se trata de la mejora personal, tarde o temprano te encontrarás oscilando entre dos tipos diferentes de emociones, a menudo conflictivas.

Algunos días sientes que estás verdaderamente inspirado, que estás en una ola, en un fluir que te empuja a creer y actuar; sientes que todas tus energías están en línea y que eres capaz de realizar diferentes actividades sin obstáculos ni distracciones.

Otros días, en cambio, te preguntas si hablar de superación personal es realmente útil, si al fin y al cabo todos los que hablan de ello no viven simplemente una especie de hipnosis masiva.

Pensar en positivo ayuda, pero al final tendrás que lidiar con los que se interponen en tu camino en la vida, con los largos tiempos de espera de la burocracia, con esos préstamos que no llegan y te das cuenta de que poco está bajo tu control directo.

¿Cuántas veces has experimentado este estado emocional?

Supongo que muchos, y apuesto a que también te has preguntado sobre la eficacia de estudiar técnicas de empoderamiento personal.

¿Son estas solo prácticas del New Age? ¿Quizás solo un poco más refinado? ¡Tal vez no!

Entre 1943 y 1954 el psicólogo estadounidense Abraham Maslow concibió el concepto de "Jerarquía de necesidades" y lo difundió en su libro de 1954 "Motivación y personalidad".

Durante años, Maslow estudió diferentes poblaciones históricas y el nivel de evolución que habían alcanzado antes de alcanzar su punto máximo.

Señaló que había necesidades que servían de base necesaria

para el desarrollo de necesidades más complejas y que llevaban a todas las sociedades a un nivel superior de evolución social.

Maslow correlacionó estas necesidades y creó un diagrama en forma de pirámide o "Escala de necesidades".

Esta escala de necesidades se divide en cinco niveles diferentes, desde el más elemental (necesario para la supervivencia del individuo) hasta el más complejo (social).

Maslow observó que el individuo se realiza pasando por las distintas etapas, que deben ser satisfechas de manera progresiva.

A nivel internacional, esta escala se conoce como la pirámide de Maslow.

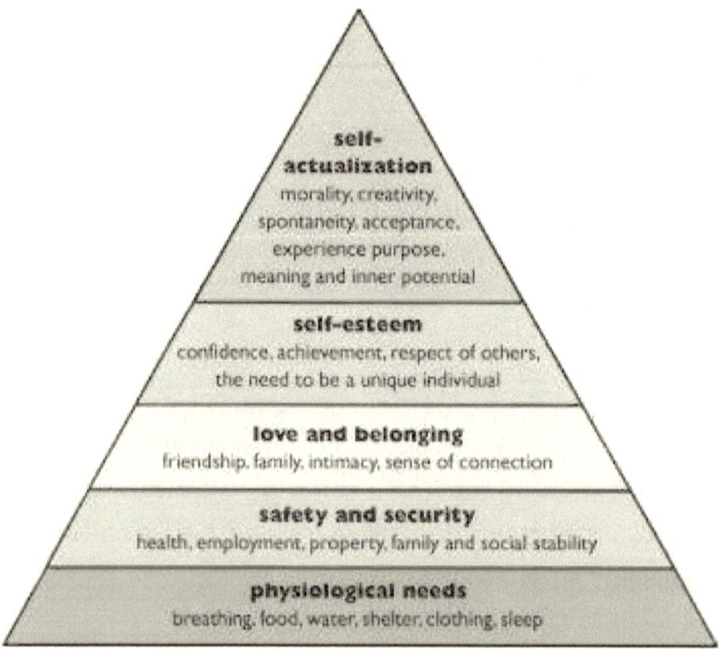

Figura n. 2: Pirámide de Maslow

Los niveles de necesidad concebidos por Maslow son (de abajo hacia arriba):

1. Necesidades fisiológicas (poder conseguir una alimentación sana, dormir, satisfacer las necesidades sexuales y mantener una cierta higiene).
2. Necesidades de seguridad (protección física, posibilidad material para construir muros, vallas, protecciones)
3. Necesidades de pertenencia (afecto, identificación, lazos familiares)
4. Necesidades de estima (pero también de prestigio social, de reconocido éxito en el clan de pertenencia, creación de clases y castas sociales)
5. Necesidades de autorrealización (un estado que sabe potenciar el trabajo social del individuo, ayudándolo a realizar su identidad y expectativas, permitiéndole ocupar una posición satisfactoria reconocida en su grupo social).

Los estudios de Maslow comenzaron en la década de 1960 con una proliferación de otras investigaciones y descubrimientos en el campo social.

Maslow puso al desnudo un concepto, que en realidad mucha gente ya conocía pero que nadie había puesto nunca en forma "científica", y se sabe que, en el ámbito académico, la investigación solo se hace cuando las observaciones van desde el nivel de "lugar común" a "declaración científicamente descrita".

¿Cuál fue este concepto tan bien expresado por Maslow?

Ese hombre no puede avanzar en su evolución si primero no satisface las necesidades del escalón inferior.

¡Todas las sociedades que no han tenido éxito o no pudieron satisfacer las necesidades fisiológicas primarias simplemente se han extinguido!

Todas las sociedades, inicialmente nómadas, que encontraron una manera de satisfacer las necesidades fisiológicas primarias se detuvieron y se asentaron en áreas fértiles y cultivables dando lugar a clanes y tribus en las que existían pactos de ayuda recíproca y ayuda mutua.

Todos los grupos que tenían, dentro de su propio clan, luchas internas que provocaron la ruptura de vínculos, se separaron, se desintegraron y muchas veces se extinguieron en pocas décadas.

Los grupos sobrevivientes desarrollaron regulaciones sociales y de ciudad-estado sobre comercio, salud y educación de tal manera que difunden la identidad cultural.

Y así fue hasta el desarrollo de los estados modernos tal como los conocemos.

Incluso hoy, cuando un Estado decide dar un paso atrás al dificultar o negar la realización de determinadas necesidades básicas para el individuo, estallan disturbios o se ponen en marcha mecanismos que conducen a la degradación social.

A menudo, el conocimiento de la Pirámide de Maslow nos ayuda a descifrar nuestros cambios de humor o, más bien, nuestra "opinión" sobre la mejora personal.

Tomemos un ejemplo social actual.

Los estudios de estrés llevados a cabo en empleados y directivos de distintas empresas han demostrado que el tipo de problemas que tenían que resolver el grupo de empleados y el grupo de directivos producían, con la misma complejidad, efectos de estrés muy diferentes. Los ejecutivos tuvieron que enfrentarse a problemas mucho más rigurosos y complejos para lograr los niveles de estrés alcanzados por los empleados en promedio. En pocas palabras, se pudo ver que, en promedio, los empleados tenían una mayor sensibilidad al estrés que los gerentes.

¿Cómo es eso?

¡Sin embargo, esto estaba sucediendo independientemente de la clase social! ¡Un alto nivel de educación para grupos de empleados, un alto nivel de educación para grupos de gerentes!

¿Cómo podría explicarse esta diversidad de reacciones?

Los investigadores comenzaron a analizar no solo los currículos escolares de los grupos examinados, sino también el tipo de aficiones e intereses de las diferentes materias.

Y aquí empezaron a notar diferencias importantes.

Los empleados, además del trabajo y los compromisos familiares normales, no tenían muchos pasatiempos y muchos de los que tenían intereses fuera del trabajo, dedicaban la mayor parte de su tiempo al ocio y actividades puramente recreativas.

En cambio, ejecutivos que mostraban niveles mucho más bajos

de estrés, utilizaban su tiempo libre estudiando la vida de otros ejecutivos, gerentes o emprendedores, participaban en sesiones de Coaching Corporativo, actualizadas participando en conferencias sobre Estrategias de Marketing y Gestión de Relaciones Públicas, en definitiva, parte de su tiempo libre se dedicaba a aprender a hacer mejor lo que ya estaban haciendo como gerentes.

El aspecto destacado por el estudio es muy interesante. Los ejecutivos pasan su tiempo asistiendo a seminarios, cursos y sesiones de coaching para aprender estrategias para hacer aún mejor lo que ya estaban haciendo. Los empleados, en su tiempo libre, ocupan sus mentes para distraerse de su ocupación.

¡Esto explica los diferentes resultados en sus respectivos niveles de estrés!

Muchas veces nuestros días de estrés son el resultado de días anteriores en los que no hemos podido alimentar al organismo dando total satisfacción a las necesidades fisiológicas primarias; En estos días del "no", sentimos que no estamos alineados, nos preguntamos el sentido del pensamiento positivo ya que nos sentimos lejos de la inspiración.

Pero, ¿cómo podemos siquiera pretender estar en un nivel que en la pirámide de Maslow se representa prácticamente en la cima de la escala (autorrealización), cuando en esos mismos días no hemos podido dar satisfacción a necesidades fisiológicas primarias, seguridad, estima familiar y de parentesco, etc.

Los gerentes pueden dedicar su tiempo libre a cursos ad hoc, ¡porque esa es su pasión!

El empleado promedio a menudo se siente atado a algo que no ha elegido totalmente para sí mismo, por lo que en su tiempo libre intenta llevar su mente a otras costas.

¿Podemos encontrar otros contextos en los que observar esta "reacción" idéntica? ¡Por supuesto, en estudiantes!

Estudias para complacer al profesor, haces los deberes lo más rápido posible y luego te vas, lo más lejos posible de los libros y los "pensamientos escolares", ¡y es precisamente este deseo de escapar lo que sanciona y refuerza el aspecto estresante!

¡Así que vayamos a una clave importante para comprender la mejora personal!

Cuando te sientes atrapado en la vida, cuando te das cuenta de que estás viviendo días sin salidas aparentes, y tal vez incluso comienzas a cuestionar emociones y pensamientos que hasta unos meses antes te daban entusiasmo y energía, significa que has bajado unos pasos en la pirámide de Maslow. Ya no satisfaces las necesidades básicas de tu cuerpo y espíritu.

Volviendo a la observación inicial, en este estado es absolutamente normal que no tengas ganas de leer libros motivacionales, o tomar cursos para aprender cosas nuevas, en cambio, ¡sientes que todo se reduce a satisfacer el funcionalismo contingente de la vida cotidiana!

Cuando esto te suceda, asegúrate de que todas tus necesidades básicas sean atendidas de inmediato.

Pregúntate si has estacionado demasiadas facturas vencidas en el estante que ahora están proyectando una larga sombra sobre su vida; pregúntate si estás descuidando tu salud, tal vez no hayas ido al dentista durante años cuando solía ir al dentista cada temporada. Comprueba si tal vez la forma en que comes se ha vuelto un poco insalubre, presta atención a lo que circula en su torrente sanguíneo. Quizás solías salir a correr y hacer ejercicio, quizás hayas renunciado a algunas necesidades que tu cuerpo ahora extraña.

La causa, sin embargo, nunca está en una sola necesidad desatendida, seguramente habrá 3-4 aspectos de tu vida que estás desatendiendo en comparación con el período anterior más próspero.

¡Pon tu vida en orden!

Mejora cada escalón de la escalera de tus necesidades, ¡y solo así podrás ocuparte de elevar tu espíritu!

Si no llenas la parte más material de ti mismo (¡obviamente con la mejor materia prima!), ¡Ni siquiera puedes esperar poder cuidar las partes más refinadas y espirituales de tu ser!

Cuando hablo de "materias primas" no me refiero solo a nutrirse de alimentos saludables, ¡sino también de emociones saludables y relaciones saludables!

En la antigüedad, este principio era bien conocido por todos los alquimistas y estudiosos del esoterismo alquímico.

¡La evolución nunca es un salto!

Los estados espirituales se alcanzan mediante la mejora directa de los estados materiales.

¡Materia y espíritu tienen igual dignidad!

¡No creas a todos esos falsos "gurús" que instan a la gente a separar la parte material del hombre de la parte espiritual, nombrando a esta última como el elemento superior!

De hecho, a menudo utilizo esta creencia como prueba para reconocer a los falsos gurús de los verdaderos maestros de la sabiduría.

¡Todas las condiciones de espiritualidad superior son alcanzables solo cuando la parte material de tu ser está satisfecha, realizada y bien realizada!

La motivación de todo esto se puede encontrar en la presencia, en el ser humano, del poder del inconsciente.

También puedes evitar conscientemente pensar en tus necesidades, tus deberes materiales como ser humano, pero tu inconsciente siempre te los presentará, quizás en forma de sueños, o malestar físico o incluso en forma de enfermedad repentina e inexplicable.

Tu cuerpo tiene necesidades precisas que no son inferiores a las de tu espíritu.

La voluntad débil

La voluntad débil: de qué depende y cómo fortalecerla.

Tener una voluntad débil nos priva de la posibilidad de lograr nuestras metas y hacer realidad nuestros sueños.

¿Por qué no puedes respetar tus buenas intenciones?

¿Alguna vez has decidido ponerte a dieta, hacer ejercicio o

cualquier otra cosa, sabiendo que es correcto y apropiado hacerlo, pero terminaste haciendo exactamente lo contrario?

¿Alguna vez te has preguntado de qué podría depender?

Quizás sea tentación. Estás obligado a revisar una lección de ese curso que estás tomando, pero la idea de ver un episodio de tu serie favorita en Netflix es mucho más tentadora. "¡Solo me tomaré el día de hoy, te lo juro! Mañana voy a empezar a estudiar en serio..." te dices, mientras enciendes la tele.

O tal vez sea tu desprecio por las reglas y regulaciones. El médico te pidió que hicieras más ejercicio, pero no puedes y sigues posponiéndolo. Demasiadas series en Netflix, salir con amigos, el sofá en lugar de entrenar: todo parece sacar lo mejor de tus buenas intenciones y establecer hábitos útiles se vuelve imposible.

Desorientado y confundido te convence de que tal vez no tienes metas reales, o que realmente no son las deseadas, o peor aún, que hay algo en ti que no funciona: sientes que no tienes carácter, no tienes personalidad.

Tus metas son correctas, y no tienes nada de malo ... excepto que cedes cuando debes resistir, contribuyendo así a debilitar tu fuerza de voluntad que, a medida que se debilita, te obliga a ceder aún más.

Pero, ¿por qué sucede esto?

La devaluación del futuro

Imagina que estás sentado en un restaurante: por tu salud (últimamente has engordado varios kilos) has decidido prescindir del postre, así que cuando llega el camarero no puedes pedirlo.

Pero cuando estás a punto de pedir un café, pasa el carrito con los dulces y de repente cambias de decisión, ese tiramisú, ¡es demasiado tentador!

Comes, disfrutas y luego lloras.

Cuando la gratificación bioquímica ha desaparecido hace mucho y sientes que tu estómago se hincha como una gaita, te arrepientes. Y mientras cuentas calorías con tu nueva aplicación, te dices a ti mismo que esta fue la última vez, que es hora de cambiar tu vida (aunque a partir de mañana).

Pero mientras estás allí, hundido en el sofá, preguntándote qué pasó, ¿por qué te venció el carrito de postres?

La respuesta es simple.

El carrito de postres está aquí en el presente, mientras que los riesgos para tu salud están allí, muy lejos, en el futuro.

Te estás diciendo a ti mismo que no pasará nada malo por unas pocas libras.

Los riesgos son muy lejanos, impalpables, difíciles de ver a simple vista, y además no tienen el encanto reluciente de esas bolas cubiertas de chocolate del carro de los postres que te embrujan como las sirenas de Ulises.

Lo que pasó en tu mente, frente al carrito de los postres, se llama la devaluación del futuro.

Devaluar el futuro significa que los efectos positivos, que están lejos en el presente (llegar a la vejez con buena salud), solo entran parcialmente en las decisiones presentes.

Sin embargo, la devaluación o negación del futuro es solo la primera parte del problema.

Voluntad hipotrófica e hipertrófica

Si vas al gimnasio y te ejercitas en serio tus músculos se vuelven hipertróficos, se hinchan y te dan más fuerza, pero si no vas al gimnasio, con el tiempo se vuelven hipotrópicos, e incluso levantarse de la silla se convierte en un problema.

Lo mismo le ocurre a nuestra voluntad, que como un músculo mental es sensible al entrenamiento: se vuelve hipertrófica si la entrenas, hipotrópica si no la haces funcionar.

Un ejemplo sencillo.

Dices: "Mañana voy a correr", pero al día siguiente lo evitas y lo pospones, utilizando autoengaños más o menos refinados (demasiado viento, demasiado calor, demasiada gente...). Y al día siguiente lo pospones nuevamente, y luego nuevamente, acumulando semanas y meses de apatía y desgana, hasta que te rindes por completo.

Tus piernas pierden tono y los kilos se acumulan, que no es el único daño, pero es el más evidente.

El daño más significativo y peligroso es el que se produce en tu mundo interior, cada vez que te rindes y postergas. Tu voluntad se debilita, tus piernas se vuelven hipotróficas y tu autoestima sufre como resultado, enviando una imagen tuya que es desoladora y deprimente.

Pero no ha terminado, tu umbral de tolerancia también se debilita, empujándote a ceder incluso a las tentaciones más pequeñas, aquellas a las que alguna vez lograste resistir.

El efecto de este círculo vicioso, a menudo, es la ansiedad que te asalta cuando, ahora con una voluntad hipotrófica y un umbral de tolerancia muy bajo, intentas recuperar el control de tu vida, en vano.

Y fracaso tras fracaso empiezas a pensar en algo que nunca deberías pensar, que es que yo también fracasaré esta vez, ¡así que por qué seguir intentándolo!

¿Por dónde empezar de nuevo?

Tomar conciencia de los engaños de nuestra mente (por ejemplo, la devaluación del futuro) es seguramente el primer paso para respetar nuestras intenciones y formar buenos hábitos.

Pero si queremos cambiar radicalmente el rumbo de nuestra vida, debemos dar un verdadero "salto mental", aprendiendo a ver los hábitos como el campo de entrenamiento de nuestra voluntad.

Entonces, correr por la mañana, por ejemplo, ya no será una forma sencilla de ponerse en forma, sino la herramienta para hipertrofiar tu voluntad, elevar tu umbral de tolerancia y fortalecer tu autoestima.

Esta nueva actitud mental te dará, por un lado, los beneficios de los buenos hábitos individuales que forjarás y, por el otro, te permitirá desarrollar una voluntad fuerte que te hará sentir fuerte e inatacable ante las tentaciones.

El carrito de los postres, entonces estará ahí frente a ti, pequeño y borroso en comparación con la nueva imagen que estás construyendo de ti mismo, una imagen de una persona que no se rinde como un débil a otra tentación, sino que domina la propia vida y circunstancias con una voluntad fuerte que cada día se hace más grande y definida.

La rana hervida

Una técnica sencilla para cambiar hábitos y establecer otros nuevos en tu vida.

Para cambiar tu vida, a veces, todo lo que necesitas es cambiar tus hábitos, estableciendo nuevos y mejores.

Quiero hablarte de un principio que aclara, de forma muy sencilla y lamentablemente realista, la capacidad inherente del ser humano para adaptarse a situaciones desagradables y dañinas sin reaccionar.

Imagínate encender un fuego debajo de una olla llena de agua fría en la que una rana nada tranquilamente y calienta lentamente el agua. Pronto se vuelve tibio. La rana lo encuentra bastante agradable y continúa nadando. La temperatura sube. Ahora el agua está tibia. Un poco más de lo que aprecia la rana. Se cansa un poco, pero no se asusta. El agua está demasiado caliente ahora. La rana no lo encuentra nada agradable, pero está debilitada y ya no tiene fuerzas para reaccionar. Entonces aguanta y no hace nada. Mientras tanto, la temperatura sigue aumentando hasta que la rana, simplemente, se hierve muerta. Si la misma rana se hubiera sumergido directamente en el agua a 50 ° C, habría flexionado sus musculosas patas y saltado de la olla.

La rana ha adaptado su temperatura corporal a la del agua y una vez que está cerca de hervir, ya no tiene fuerzas para saltar porque se ha cansado demasiado para regular su temperatura. ¿Esta triste historia significa algo para ti?

Quizás tienes miedo al cambio, has estado soportando situaciones negativas y personas durante mucho tiempo, solo porque te han enseñado que debes quedarte hasta que te vuelvas loco o que la resistencia es necesariamente sinónimo de fuerza de carácter.

Es cierto que muchas veces subordinamos el bienestar emocional a necesidades que consideramos más importantes. No solo tenemos que pensar en nuestro propio bienestar, sino que hay otras personas que dependen de nosotros de alguna manera.

Pero entonces, ¿quién mató a la rana? No fue el agua hirviendo, sino la incapacidad de la rana para decidir cuándo saltar. Si lo piensas, puedes aplicar este principio a muchas situaciones a las que te enfrentas en la vida.

Tal vez permanezcas en una relación insatisfactoria solo para no causar molestias a la otra persona. Tal vez pospongas la búsqueda del trabajo de tus sueños durante años y te conformes con un lugar permanente donde te aburras. O guardes tu idea de negocio en el cajón pensando que habrá tiempo para hacerla realidad. La música de fondo es siempre la misma: después de todo, ¡no es necesariamente tan mala!

Hay demasiadas situaciones en las que nos acostamos en lugar de luchar o "huir". El mayor miedo que tenemos es cambiar. Paradójicamente, preferimos estar en una situación de estasis, que no nos hace felices, que no nos inspira ni nos gratifica, solo porque tenemos miedo de tener que volver a meternos en el juego. Al igual que la rana, que para salvarse debería cambiar de situación y saltar de la olla, en cambio te adaptas al agua hasta volverse insoportable, porque el cambio te asusta más que el agua hirviendo.

Así se acumulan pequeñas frustraciones, pequeñas dosis de rabia, malestar, miedo ... que tarde o temprano desembocan en una explosión. Todas las emociones negativas reprimidas y enterradas por un aparente ajuste se eliminan de inmediato y, a menudo, con dolor y consecuencias muy graves.

Aceptar todo y adaptarse no es vivir, sino sobrevivir. Significa darles a otros la oportunidad de decidir por ti. ¿Quieres resistir hasta que sea más sostenible?

Siempre hay algo que puedes hacer para evitar asentarte y adaptarte a toda costa: ¡acepta el cambio! Sé consciente de que tienes una opción: tener nuevos pensamientos, actuar libremente, dejarse llevar, cometer errores y empezar de nuevo.

No es un camino fácil y no sucede de la noche a la mañana, ¡pero es posible! Empieza a tomarte un tiempo para ti mismo, regálate un pequeño capricho o una decisión egoísta: los placeres cotidianos son la base de la autoestima. Si cultivas la autoestima, el respeto y el afecto por ti mismo, solo entonces podrás dejar de aceptar pasivamente cada situación y aumentar tu determinación de cambiar tu realidad.

No esperes a que hierva el agua, ¡toma una decisión ahora y actúa!

Mentalidad estática y dinámica

¿Cuántas veces te has dicho a ti mismo que así soy y que no puedo hacer nada al respecto?

¿Cuántas veces has cedido ante las primeras dificultades, convencido de que no estás a la altura?

¿Y cuántas veces has pensado que no podrías hacerlo porque no pensabas que eras lo suficientemente inteligente / capaz / competente?

¿Cuántas veces, aunque valiera la pena, no corriste el riesgo por temor a perder tus certezas?

¿Cuántas veces te has caído después de un fracaso?

Para evitar que esto vuelva a suceder y que afecte negativamente tu vida, te sugiero que desarrolles una mentalidad dinámica.

Hablaremos de lo que distingue a los grandes de los poderosos. El factor determinante es la mentalidad. Entenderás a tu pareja, a tu jefe, a tus amigos, a tus hijos. Descubrirás cómo dar rienda suelta a tu potencial y al de tus hijos.

Encontrarás un montón de preguntas para entender cuál es tu mentalidad y sobre todo algunos ejercicios estimulantes para pasar de lo estático a lo dinámico. Nos centraremos en lo que distingue entre mentalidades estáticas y dinámicas. La diferencia fundamental es si crees o no en la posibilidad de mejorar tus habilidades y competencias a través del compromiso y la práctica constantes. De manera más general, una persona con una mentalidad dinámica está abierta a la posibilidad de un cambio completo; aquellos con una mentalidad estática no lo son.

Mentalidad estática

Para comprender de la mejor manera posible cómo funciona la forma mentis dinámica, es fundamental comprender primero la forma mentis estática. Esto es lo que haremos primero.

Aquellos que tienen una mentalidad estática se ven a sí mismos y a los demás como inmutables. Todos tienen su carácter, predisposiciones, nivel de inteligencia. Estos factores no se pueden cambiar sustancialmente:

"Asi es como soy".

"No soy bueno estudiando idiomas / matemáticas, etc."

"Soy una persona celosa, intimidante, agresiva, etc."

"No puedo y nunca lo seré".

Los rasgos de la propia personalidad y de los demás, ya sean positivos o negativos, se ven como estáticos, imposibles de modificar, grabados en piedra.

Esta es, en términos generales, la percepción de la forma mental estática:

- El talento es algo que tienes o no tienes, no puedes desarrollar.

- La inteligencia de uno no se puede mejorar sustancialmente
- El carácter de uno es lo que es y así permanece.
- No es posible mejorar las relaciones personales y los rasgos de personalidad, como la capacidad para manejar las emociones.

Nuestro lema con respecto al desarrollo del talento, la inteligencia y las habilidades podría ser "ahora y siempre".

Pequeña pero necesaria aclaración: en lo que respecta al talento, la mentalidad estática no está del todo mal. Cada uno de nosotros tiene sus propias predisposiciones naturales, que deben ser satisfechas. El problema de la mentalidad estática es que cree que el talento se puede juzgar de una vez por todas, sin posibilidad de mejorarlo. La realización está a medio camino entre el talento natural y el compromiso diario constante.

Ante las dificultades y el cansancio, la mentalidad estática huye, porque los percibe como una amenaza para sus inmutables cualidades. Ve la fatiga como algo inútil. Por otro lado, si las habilidades propias no se pueden mejorar de manera concreta, ¿de qué sirve trabajar duro y esforzarse?

Si alguien experimenta un fracaso, para la mentalidad estática es una tragedia, porque confirma la supuesta e inmutable incapacidad. Quien tiene una mentalidad estática no puede ver el fracaso como una oportunidad para esforzarse más y mejorar, por lo que se retira.

¿Y cuándo llega el éxito?

Nada cambia. Durante algún tiempo, la mentalidad estática ve tu habilidad y talento confirmados por el mundo exterior, pero el colapso está a la vuelta de la esquina, tarde o temprano llegará.

Basta pensar en la realidad de los hechos. No solo hay éxitos, no siempre se puede ganar. A la primera falla, la forma mentis estática corre el riesgo de no volver a levantarse y rendirse para siempre.

En la forma mental estática tienes que tener talento y tienes que tenerlo de inmediato.

El compromiso es sinónimo de fracaso. La mentalidad estática dice: "si tengo que comprometerme a ser un buen X, significa que no estoy dotado / no tengo el talento suficiente para ser X".

Las mentalidades estáticas se encuentran a menudo en personas que parecen tener una gran autoestima. Sin embargo, detrás de esta seguridad se esconde el terror de ver colapsar las identificaciones.

Aquellos que creen en rasgos inmutables sienten la necesidad de triunfar y cuando lo hacen, se sienten más que orgullosos. El éxito se experimenta como prueba de que sus rasgos inmutables son mejores que los de otras personas. Sin embargo, detrás de esta autoestima se esconde una pregunta simple: si eres alguien solo cuando tienes éxito, ¿qué eres cuando no puedes?

En este punto, comprende que tener una mentalidad estática significa tener una visión extremadamente limitada de sí mismo y de la vida. Al no ver la posibilidad de mejorar las habilidades y cambiar las características, los que piensan con una mentalidad estática son como tener siempre anteojeras. Dónde (y cómo) está, se queda.

La mayoría de la gente piensa y vive así. Piensa, por ejemplo, en el mito del trabajo fijo: la propia palabra lo dice. Más estático que eso...

La mentalidad estática presente en cada uno de nosotros tiene su origen en buena parte en las palabras que se nos repetían cuando éramos niños. "Qué bueno eres, qué inteligente eres, qué guapo eres ..." etc., o "eres grosero, eres travieso, no eres capaz" etc.

Otros niños se convencen a sí mismos de que son estúpidos o incapaces, simplemente porque se les repitió varias veces algún adulto complejo que desahogaba sus frustraciones.

En un intento por no refutar que "eres inteligente", por ejemplo, un niño que se ha convertido en un niño podría evitar comenzar una determinada actividad si al principio te resulta difícil. Estas dificultades arrojarían dudas y pondrían en peligro tu inteligencia. Así que es mejor rendirse y hacerlo ahora, antes de que sea demasiado tarde.

Por tanto, es evidente que los padres, profesores y educadores tienen la tarea de criar a los hijos de acuerdo con una mentalidad dinámica, dando más valor al proceso y compromiso, en lugar de etiquetas reales o presuntas que luego cuelgan como 'condenas' en la cabeza de quienes Los he escuchado repetidos durante años. Con demasiada frecuencia, debido a la mentalidad estática, los juicios se hacen demasiado apresurados, como si el potencial de un niño pudiera evaluarse de una vez por todas. Afortunadamente, no todo el mundo se deja engañar por las etiquetas recibidas durante la infancia. Basta pensar, por ejemplo, en Albert Einstein, que fue juzgado como un niño pobremente dotado o incluso al borde de ser estúpido. Aunque sabemos cómo terminó la historia.

No es coincidencia que Einstein dijera eso: todo el mundo puede ser un genio. Pero si crees que juzgas a un pez por su capacidad para intentar trepar a un árbol, vivirá toda su vida creyendo que es estúpido.

Puedes cambiar tu forma de pensar de estática a dinámica, y puedes comenzar hoy.

Los límites entre los dos mundos son bastante delgados. Si lo piensas, puedes darte cuenta de que en algunas áreas tienes una mentalidad estática y en otras una más dinámica. Hay quienes, por ejemplo, están dinámicamente convencidos de que pueden mejorar sus habilidades intelectuales (estudiar, aprender un idioma, etc.), pero están igualmente convencidos de que no pueden mejorar en el trabajo manual, o viceversa.

De hecho, algunos rastros de mentalidades estáticas están presentes en todos, más o menos.

Además de las etiquetas que se les dan a los niños, es la sociedad en su conjunto la que nos llena la cabeza de pensamientos que se remontan a la mentalidad estática.

El centro de atención se centra solo en el talento y los grandes eventos, que pueden ser la riqueza extraordinaria lograda o las victorias gloriosas, pero con demasiada frecuencia olvidamos el proceso detrás de él, el sudor, la perseverancia, el entrenamiento y los fracasos que vinieron antes del éxito.

Mentalidad dinámica

He fallado tantas veces en mi vida, pero por eso exactamente lo logré.

Aquí está la esencia de la forma de mentalidad dinámica en pocas palabras. Para recitarlos está Michael Jordan en un comercial de los años 90, después de haber enumerado todas las derrotas y errores acumulados en su carrera deportiva.

Tanto si eres fanático del baloncesto como si no, creo que no hay duda de que Michael Jordan puede ser considerado como uno de los mejores en la historia del baloncesto y uno de los mejores atletas de todos los tiempos. Ciertamente es un ejemplo de mentalidad dinámica y tal vez sea el momento de averiguar qué es eso. No se llega a ciertos niveles por accidente. Ponerse sobre los hombros de los gigantes, para comprender su mentalidad, es un buen punto de partida, sea cual sea tu objetivo.

La base de la mentalidad dinámica radica en la creencia de que el compromiso y la perseverancia pueden mejorar sustancialmente la habilidad, la competencia y la inteligencia.

El lema de una mentalidad dinámica es: Todavía no ...

No soy bueno en las tareas manuales, pero aplicándome constantemente puedo convertirme en uno.

Todavía no he aprendido a estudiar de manera eficaz, debo esforzarme por mejorar.

Quienes tienen una mentalidad dinámica ven el fracaso como la posibilidad de superarse, es decir, como una preciosa lección, el famoso proverbio "se aprende cometiendo errores".

Cuando llega el éxito, para la mentalidad dinámica es la confirmación del compromiso de uno, de cuán duro se ha entrenado para alcanzar esa meta. Cada éxito se convierte en un estímulo para comprometerse aún más, porque la mentalidad dinámica encuentra su motivación y placer en desafiarse a sí misma y mejorar constantemente.

Las personas con una mentalidad dinámica no solo buscan un desafío. Se alimentan de él. Si te dedicas al desarrollo de una mentalidad dinámica, ¡ten cuidado! Puedes poner en riesgo tus máscaras e identificaciones, pero es el precio que pagas cuando te das cuenta de cuánto te hace sentir vivo y cuánto te hace crecer.

Mentalidad dinámica y neurociencia

Hasta hace unas décadas, se creía que en algún momento el cerebro humano atrofiaba su desarrollo. Luego, gracias a los estudios de algunos pioneros como Michael Merzenich, se descubrió que el cerebro sigue creciendo y cambiando incluso en la edad adulta, debido al fenómeno llamado plasticidad cerebral.

El cerebro cambia con el uso que hacemos de él y si lo estimulamos correctamente dentro de él se crean nuevas conexiones. De modo que puede aumentar tu inteligencia o debilitarla. Tú decides.

Por ejemplo, la dificultad que tienes para aprender algo nuevo es una señal de que se están formando nuevas sinapsis en tu cerebro y, al igual que la neurociencia, la mentalidad dinámica da un valor esencial al proceso. Reconoce la importancia de los pasos progresivos necesarios para adquirir / mejorar una habilidad.

Por eso asume desafíos y dificultades, porque los aprovecha. Reconoce la fatiga como un proceso de crecimiento y el desafío como una oportunidad para medir hasta dónde puede llegar.

En la forma de la mentalidad de aprendizaje dinámico, se combina con la diversión y es algo que dura toda la vida.

La mentalidad dinámica conduce a una visión que tiende al infinito. Es una perspectiva fascinante, ya que nadie puede saber dónde puede llevar el compromiso y la perseverancia a una persona con una mentalidad dinámica. Para un individuo fuertemente caracterizado por la mentalidad dinámica, se abren posibilidades desconocidas de crecimiento.

Es bueno señalar, sin embargo, que no es suficiente tener esta forma de mentalidad, entonces, ¿creen que cualquier persona con la motivación o educación adecuada puede convertirse en Einstein o Beethoven? Por supuesto que no, pero están convencidos de que se desconoce (y no se puede conocer) el verdadero potencial de una persona, que es imposible predecir lo que se puede lograr con años de pasión, esfuerzo y entrenamiento.

La mentalidad estática, en cambio, caracterizada por una perenne necesidad de confirmación y escape de las dificultades, tiene como consecuencia psicológica una extrema fragilidad y como efecto concreto la renuncia al cambio y la superación.

Para entenderlo mejor, entremos por completo en la piel de un individuo con una mentalidad estática.

Si mis habilidades, mis habilidades, mi inteligencia, mi carácter no se pueden cambiar, entonces estoy condenado. La necesidad de aprobación me persigue, por lo que todo lo que hago se vuelve arriesgado porque puede mostrar al mundo mi insuficiencia. Amenaza con exponer mis defectos.

No tengo poder sobre los eventos, solo puedo limitarme a lo que soy ahora sin siquiera intentar mejorarme. Al primer obstáculo me rompo, porque es señal de que no soy suficiente. A la primera falla me bloqueo, porque confirma que no soy capaz.

Cada desafío en la vida puede hacerme caer de rodillas y potencialmente destruirme. De estas experiencias quizás pueda aprender un poco, pero no puedo modificarme decisivamente para evitar que se repitan.

Así que es mejor retirarse y hacerlo ahora. Es mejor darse por vencido, no arriesgarse, para mantenerse seguro en su zona de confort. Es mejor no comprometerse, porque demostraría que no tienes talento. Porque el talento, en la mentalidad estática, o lo tienes o no lo tienes.

El aprendizaje no rima con diversión, sino con fracaso.

La mentalidad estática no dice "Fallé" sino "Soy un fracaso". En cambio, la mentalidad dinámica conduce a un nivel increíble de resistencia y fuerza de voluntad. La motivación permanece siempre alta, a pesar de los momentos difíciles. Los desafíos son asumidos y buscados, experimentados como algo beneficioso incluso si es agotador. La mentalidad dinámica reconoce el valor del esfuerzo y el compromiso. Para aquellos que han desarrollado una mentalidad dinámica, cada desafío en el que ha dado lo mejor de sí es una poderosa inyección de autoestima.

Si soy consciente de que cada vez que me esfuerzo por hacer algo difícil me vuelvo más inteligente y ya no huyo de los desafíos, los creo.

Mi cerebro crece y nacen nuevas conexiones, así que de cualquier manera tengo mi victoria. Sé que donde estoy ahora, en cualquier habilidad, no es mi mayor potencial. Nadie puede decirme con absoluta certeza adónde puedo llegar, así que, si quiero mejorar en algo, me aplico lo más posible. Si me caigo, simplemente aprendí una lección, que puede haber sido dolorosa, pero me levanto y no me rindo.

Esa es la fuerza de la mentalidad dinámica.

¿Cómo se puede crear una mentalidad dinámica?

A estas alturas, te quedará claro que los efectos de la mentalidad estática / dinámica afectan toda tu vida. Una actitud mental diferente, es decir, una forma diferente de pensar, se realiza concretamente en una forma diferente de vivir.

Tú puedes elegir. Los modos de pensar son simplemente creencias. Son creencias poderosas, pero aún son algo que está en tu mente y que tienes el poder de cambiar.

<u>Algunas indicaciones sobre cómo cambiar de una forma de mentalidad estática a una dinámica.</u>

En primer lugar, debes darte cuenta de que la mentalidad debe entrenarse de forma dinámica.

Si tu punto de partida es una mentalidad estática, no puedes simplemente "cambiar" a la mentalidad dinámica en cualquier momento. Para hacerlo, debes tomar una decisión informada, o decisiones más informadas, a veces en un solo día. Tienes que darte cuenta de tu estática, aceptarla y prometerte razonar y sobre todo actuar de acuerdo con la mentalidad dinámica siempre que tengas la oportunidad.

Puedes empezar a reevaluar el cansancio, el compromiso, las dificultades, aprender a saborear el sabor de un desafío. Imagínate las nuevas conexiones cerebrales que se crean cuando trabaja duro y asocia los sentimientos positivos a los desafíos que suceden en tu vida diaria. En lugar de huir, ¡ve a conocerlos! Aprovéchalo y estarás cargado de autoestima. Empieza pequeño; 10 centímetros más cada día y comprueba hasta dónde puedes llegar con el tiempo.

Piensa en todas las veces que te dejaste convencer por la mentalidad estática y abandonaste algo porque era demasiado difícil o arriesgado, ¿qué hubiera pasado si hubieras actuado de acuerdo con la mentalidad dinámica?

El cambio de estático a dinámico puede tener un gran impacto en tu vida.

¿Cómo sería tu vida si no te decepcionaras al principio?

¿Cómo sería si aprendieras a apreciar realmente el valor del compromiso?

¿Si te enfrentaras a todos los obstáculos como un juego en el que está en riesgo el desarrollo de tu inteligencia y habilidades?

¿Cuánto cambiaría las cosas?

¿Cuánto mejor te sentirías?

¿Qué tan lejos podrías llegar?

Tal vez dejarías de pensar en ti mismo como un ser poderoso y abandonarías las etiquetas y los lamentos del pasado para crear una realidad exitosa, una pieza a la vez.

Desarrolla una mentalidad dinámica, comienza hoy.

CAPÍTULO DOS
MENTALIDAD PARA EL ÉXITO

¡Empieza pensando en el final!

Empieza por pensar en el final: ¿cuál es el significado de esta oración?

Tal vez te preguntes, muy pragmáticamente, ¿cómo puedo pensar en el final si todavía tengo que pensar en el principio? En cambio, con solo pensar en el final, podrás planificar el inicio y también la ruta. Y quiero hablarles sobre el significado de eso, no en relación con un objetivo específico, sino con el propósito de tu vida.

El significado de esta frase es, de hecho, hacer que cada día de nuestra vida contribuya, de forma activa, a la visión que tenemos de nuestra propia vida: entender dónde estamos y asegurarnos de que los pasos que damos son los correctos. dirección.

De hecho, es muy fácil en la vida, terminar atrapado en las actividades equivocadas, en actividades que son un fin en sí mismas, trabajar cada vez más duro para lograr un éxito que descubrimos que no es nuestro: es muy común ser muy ocupado, sin ser efectivo.

Este principio está en la base del liderazgo personal: definir cuáles son nuestros valores y reglas, de donde surgen nuestras metas, para lograr qué compromiso y disciplina se necesitan.

A menudo vemos personas que, en sus vidas, luchan y luchan

por ingresos más altos, mayores habilidades o reconocimiento, comprometiendo totalmente sus energías para descubrir que, al lograrlos, se han vuelto sordos y ciegos a las cosas que realmente importan más, y que son ahora irremediablemente perdido.

En cambio, es completamente diferente si eres consciente de lo que es importante para ti y, teniendo esto en cuenta, te comportas todos los días para ser y hacer realmente lo que más importa.

Para que comprendas el significado de todo esto, suelo hacer un ejercicio (tomado de "Las 7 reglas del éxito" de S. Covey), que hoy también te propongo. Intentaré llevarte al estado de ánimo adecuado tanto como sea posible, aunque no esté allí en persona, para hacerte sentir las emociones necesarias.

Antes de empezar, consigue un bolígrafo y una hoja de papel, que necesitarás más adelante.

Encuentra un lugar donde puedas estar solo, sin nadie ni nada que te moleste o interrumpa. Limpia tu mente de todos los pensamientos y concéntrate en lo que digo.

Comienza a respirar profunda y lentamente: inhala y exhala, y mientras lo haces, siente una sensación de relajación y tu mente se vuelve cada vez más libre con cada respiración que toma.

Imagínate ahora que te ves de camino al funeral de alguien cercano a ti. Estás conduciendo tu coche, llegas, aparcas y sales de tu coche. Al entrar al edificio ves flores, en el pasillo ves las caras de amigos y familiares. Sientes el dolor que compartes con ellos por la pérdida, pero también la curiosidad de conocer al difunto.

Entras en la cámara funeraria, miras el ataúd y de repente te encuentras cara a cara contigo mismo.

Ese es tu funeral, dentro de cinco años. Todas esas personas han venido a testificar sus sentimientos de amor y aprecio por ti y por lo que has hecho en tu vida.

Siéntate y espera a que comience la ceremonia, lee el programa y descubre que habrá cuatro personas hablando. Un familiar: hijo o padre, hermano, hermana, sobrino, que han venido de todas partes del mundo para la ocasión; un colega tuyo, miembro de la asociación a la que pertenecía y tu mejor amigo.

Ahora piensa y piensa: ¿qué te gustaría que cada una de estas personas dijera sobre ti y tu vida? ¿Qué tipo de esposo, esposa, padre o madre le gustaría que apareciera a través de sus palabras? ¿Qué tipo de hijo, hija, amigo o colega? Mira de cerca los rostros de las personas presentes: ¿cómo te gustaría haber influido en sus vidas?

Ahora, tómate unos minutos para escribir tus sentimientos en un papel.

Si te has involucrado mucho en esta visualización, habrás tocado cuáles son tus valores más profundos. Que son la guía del propósito de tu vida.

Entonces, siempre comienza a pensar en el final.

Cómo encontrar tu talento

Toda tu vida te han inculcado ciertas ideas, pero es hora de dar un paso atrás y repensar tus talentos. Una persona puede tener talento artístico, técnico, mental, físico, personal o social. Puedes ser una persona talentosa introvertida o una persona talentosa extrovertida. Este talento tuyo no tiene por qué ser rentable, útil o convencional, pero siempre te pertenecerá, será parte integral de tu personalidad. Aprender a buscar adecuadamente sus talentos y cultivarlos, convertirlos en habilidades concretas, son acciones que requieren más que un pequeño esfuerzo. Sin embargo, hacerlo de forma creativa te permitirá explorar habilidades naturales y descubrir talentos innatos.

Descubre tus talentos

Deja de esperar a que estos talentos aparezcan mágicamente por sí solos. Si no intentas tocar la guitarra, ¿cómo puedes estar seguro de que no puedes? Lo mismo ocurre con didgeridoos, tejido, bádminton y canto de tuvano. Encuentra una actividad que te parezca interesante y descubre todo lo que hay que saber sobre ella. Descubre lo que requiere y si tienes las habilidades adecuadas para hacerlo. Recuerda, quien no se arriesga no gana. Solo puedes descubrir para qué sirve cuando vas más allá de tus límites y buscas activamente nuevas experiencias. Enfréntate a los obstáculos y busca desafíos para descubrir cuáles son tus habilidades y talentos innatos ocultos.

Probar algo nuevo una vez a la semana debe ser una prioridad. Es probable que mañana no descubras una actividad en la que seas particularmente bueno. Por otro lado, tal vez algún día cojas tu guitarra y descubras que te sientes perfectamente cómodo con ella, decidido a aprender más sobre ella. Tal vez te des cuenta de que eres muy bueno comunicándote con los animales que viven en un refugio. ¿Cómo podrías haber sabido esto sin experiencia? Tal vez te paras frente a la máquina de pinball en el bar de abajo y te des cuenta de que eres un as jugando a Star Trek: The Next Generation. Ese es el punto de partida para descubrir qué es lo correcto para ti.

Sal de la casa y roza tus rodillas. Experimenta aventuras y experiencias del mundo real. Prueba varios deportes al aire libre o pasatiempos como la pesca, el senderismo y la escalada para ver si tienes un talento que no has explotado hasta ahora o un instinto natural.

Intenta algo fácil. ¿Qué es eso que haces sin siquiera pensar en ello? ¿Qué te gusta? Considera tus obsesiones e intereses para rastrear tu talento. Si pasas días enteros dibujando, leyendo o bailando, es inútil perder el tiempo esperando convertirte en un chef experimentado. Concéntrate en lo que tienes y en lo que puedes hacer fácilmente.

Si vas a la escuela, ¿qué tarea haces sin problemas? ¿Qué es lo que menos te preocupa? Podrían ser pistas sobre tus talentos naturales.

Presta atención a lo que los demás notan sobre ti. A menudo ocurre que las personas tienen conocimiento de las habilidades de los demás, mientras que los directamente afectados pueden no tener la menor idea. Pídele a tu familia, amigos y maestros que te ayuden a comprender qué es lo más fácil para ti.

Prueba experiencias que te saquen de tu zona de confort. ¿Te aterroriza la sola idea de subir a un escenario o hablar frente a una audiencia? ¿Escribir una historia y terminarla? Toma un micrófono o siéntate hasta que hayas terminado de escribir. Haz lo que te asusta. ¿Cuál es el talento con el que sueñas? ¿Qué te gustaría hacer de forma natural y sin esfuerzo? Enfréntate a los desafíos más difíciles y descubre lo que te falta para ser bueno.

Empieza a aprender todo lo que puedas sobre diferentes talentos y habilidades para ver si una actividad es adecuada para ti o no. No tengas prejuicios. Tocar la guitarra eléctrica como Hendrix parece imposible. Sin embargo, si no puedes distinguir el acorde G del flatpicking, ¿cómo sabes la verdadera razón de esta dificultad?

James Earl Jones, actor de voz de Darth Vader y conocido actor de Shakespeare, tiene una voz profunda y respetuosa. Muchos no saben que de niño sufrió una forma severa de tartamudez. Estaba aterrorizado cuando tuvo que hablar frente al resto de la clase. Aprendió a expresarse bien solo enfrentando este miedo. Hoy en día, es ampliamente reconocido por tener una de las voces más bellas del mundo.

Sigue la estela de tus obsesiones. Generalmente, ¿cuáles son los temas de los que hablas todo el tiempo, agotando a los demás? ¿Con qué tema tienen que callarte? Usa las cosas que te persiguen para descubrir habilidades y talentos escondidos debajo de la superficie.

Si estás obsesionado con un pasatiempo que difícilmente puede asociarse con un talento, como ver televisión o películas, no te rindas. Quizás puedas captar intuitivamente los diferentes ángulos de una cámara y tengas un talento natural para dirigir. Quizás seas bueno contando o analizando historias. Todos los críticos de cine comienzan su carrera de la misma manera. Canalizan su obsesión por la historia del cine estudiándola y convirtiéndola en su trabajo.

Mantén un registro de tus pequeños éxitos. Si crees que no tienes talento, tal vez sea porque tiendes a descuidar aquello en lo que eres bueno. Trata de prestar especial atención a los éxitos, grandes o pequeños, para identificar tus habilidades naturales. Piensa creativamente: estas experiencias pueden relacionarse con habilidades y habilidades más importantes.

Quizás hiciste una fiesta que estuvo en boca de todos durante días. Claro, suena como cualquier cosa menos un talento, pero si puedes relacionarte con los demás, planificar y organizar, entonces regocíjate con este éxito. Tal vez tenga habilidades de liderazgo y gestión que le resulten útiles en el futuro.

Ignora la televisión. Los programas de talentos dan definiciones muy limitadas de talento. Si no eres una persona guapa con una historia de sollozos rigurosamente construida y una voz poderosa, no eres nadie. Y eso es lo que se supone que nos hacen creer los programas de talentos como ese. No es eso. El talento no significa que seas famoso, guapo o un artista nato. Significa estar dedicado a lo que haces, pensar de forma creativa y prestar atención a los detalles. Significa tener una curiosidad insaciable y convertir habilidades innatas en habilidades sólidas. Solo tienes que encontrarlos.

Sé creativo

Figura n. 3: Categorías de Myers-Briggs

Realiza una prueba para examinar tu personalidad. Estas pruebas se utilizan a menudo en agencias de colocación escolar o laboral y te ayudan a descubrir tus habilidades naturales. También pueden ayudarte a encontrar tu talento. Saber más acerca de tus inclinaciones innatas hacia ciertas actitudes, ideas y comportamientos puede ayudarte a descubrir tus talentos. Estas pruebas no identifican habilidades per se, pero pueden ofrecer una pieza del rompecabezas.

Una de las pruebas más populares es Myers-Briggs, que divide a las personas según 16 tipos de personalidad diferentes y se basa en la teoría de tipos psicológicos de Carl Jung. Puedes obtener un resultado en función de las respuestas que des a una serie de preguntas.

El Clasificador de temperamento Keirsey separa a las personas en función de varios temperamentos, que se identifican de acuerdo con las respuestas personales a diferentes situaciones y preguntas. Está disponible en línea.

Habla con amigos y familiares. Una de las mejores formas de comprender tus talentos ocultos es conversar sobre ellos con las personas que mejor lo conocen. Tendemos a descuidar nuestras habilidades y menospreciar nuestros talentos, por lo que a menudo ni siquiera nos damos cuenta de nuestro potencial. Si tienes la suerte de tener amigos y familiares que se preocupan por ti, no tendrán ningún problema en señalárselos.

Para hacerte una idea de tus talentos, examina tanto tus fortalezas como tus debilidades. Puedes imaginar que un talento es una especie de superpoder innato, algo que te resulta natural y lo hace parecer fácil. Por otro lado, también puede pensar en el talento como la capacidad de superar un obstáculo. ¿Fue Blind Willie Johnson un guitarrista particularmente talentoso porque era ciego? ¿James Earl Jones se convirtió en un buen actor porque tartamudeaba? ¿Michael Jordan comenzó a jugar mejor después de ser excluido del equipo de la escuela secundaria?

No permitas que tus supuestos defectos o desafíos te impidan probar algo nuevo y desarrollar talento. Si otros te han señalado que determinadas características dificultan el desarrollo de tu personalidad o habilidades, considéralas. Incluso si eres tímido, ¿podrías convertirte en un cantante de rock aclamado por todos? Incluso si eres particularmente bajo, ¿podrías jugar bien al baloncesto?

Dale al talento una definición personal. Algunas personas piensan que Hendrix es el mejor guitarrista de todos los tiempos, pero no podía tocar piezas clásicas porque no podía leer música. Si se lo hubiera propuesto, tal vez podría haberlo hecho. De todos modos, muchos músicos tradicionales creen que Hendrix era un aficionado sin talento. ¿Puedes andar en scooter como un campeón? ¿Es el queso a la plancha tu mejor plato? No dejes que los demás te digan que no es un talento "real".

Cultivando talento

Comprometido con cultivar el talento y convertirlo en una competencia concreta, Ryan Leaf estaba destinado a un gran éxito. Gran mariscal de campo de fútbol americano, finalista del premio Heisman, segundo en la general en el Draft de la NFL de 1998. Años después, se le considera una de las mayores decepciones de todos los tiempos porque no pudo mejorar y llegar más lejos. Tener un talento natural no significa nada si no estás dispuesto a trabajar duro para perfeccionar tus habilidades.

Una vez que encuentres tu talento, imagina que es una semilla para plantar. Has tenido un buen comienzo, pero necesita regar la planta, fertilizarla, quitar las malas hierbas que crecen a su alrededor para asegurarte de que crezca robusta. Requiere trabajo.

Encuentra personas más talentosas. Recuerda el dicho: "Como el hierro afila el hierro, el hombre afila al hombre". Una persona talentosa puede ayudar a otra a convertirse en uno. Si tienes un talento o simplemente esperas desarrollar uno en un campo determinado, rodéate de buenas personas y tómelas como modelos a seguir. Inspírate en tus hábitos y tu forma de cultivar el talento. Aprende todo lo que puedas de ellos.

Encuentra un mentor que esté dispuesto a enseñarte algo y guiarte en el desarrollo de nuevas habilidades. Los guitarristas en ciernes necesitan buenos profesores además de YouTube. Los cantantes florecientes necesitan profesionales con quienes actuar.

Respeta la complejidad de tu talento. Convertirlo en una competencia concreta será difícil. Cuanto más sepas sobre un tema, una tarea o una habilidad, más difícil se vuelve. Haz todo lo posible por obtener la mayor cantidad de información posible sobre el campo. Acepta los desafíos para dominar el talento. Hazlo especial. Hazlo real.

Jugar al ajedrez no es fácil para Magnus Carlsen solo porque es naturalmente bueno en eso. Sabe lo complicado que es el juego. Cuanto más sepas sobre una actividad, una habilidad o un área, más tendrás que aprender. El camino nunca es cuesta abajo.

Práctica. Si bien no tienes talento para tocar la guitarra, practicar dos horas al día es una gran mejora. Una persona comprometida, ya sea un deporte, arte u otra actividad, siempre terminará siendo más talentosa que alguien que nunca coge un instrumento, un pincel o un bolígrafo. En resumen, el secreto está en practicar. El trabajo duro supera con creces al talento, en todos los casos, que siempre comienza con el fin en mente.

Intenta ser proactivo

Ser proactivo significa pensar y actuar antes de los eventos. No solo es una excelente manera de evitar el trabajo, sino que también puede ser vital para evitar ciertos problemas. Para ser proactivo, comienza a actuar, acepta tus responsabilidades y controla tus reacciones. Al anticipar lo que podría suceder y concentrarse en las soluciones en lugar de las dificultades, mantendrá una visión más feliz y proactiva de la situación.

Predecir y actuar

Trata de pensar en lo que podría suceder en los próximos meses / años.

Reflexionando sobre los problemas que puedas enfrentar y siendo consciente de los posibles cambios, podrás organizarte y actuar en consecuencia. Por ejemplo, si sabes que pronto te irás de vacaciones, comienza a ahorrar dinero para comida o actividades divertidas que planea hacer durante tu viaje.

No pases por alto compromisos menos urgentes.

Al ocuparse de las tareas diarias normales en lugar de posponerlas, te sentirás menos estresado y evitarás que incluso las tareas más insignificantes se conviertan en problemas insuperables. Un pequeño esfuerzo inicial puede evitar que se enfrente a una situación más crítica en el futuro.

Presta especial atención al mantenimiento preventivo, ya sea revisar el aceite de tu automóvil, reabastecer su despensa o ahorrar un poco de dinero cada semana.

Prioriza las cosas más importantes.

Puede ser abrumador tener una infinidad de tareas para completar y probablemente pasará de una tarea a otra sin completar ni una. En lugar de intentar hacer todo a la vez, piensa en las cosas principales y trata de terminarlas.

Si necesitas organizar tu armario, llevar su automóvil al mecánico y ordenar tu habitación, debes concentrarte en la tarea más importante: llevar su automóvil al mecánico.

Evalúa tu comportamiento para ver si eres productivo.

De vez en cuando, detente y piensa en lo que has hecho. Si no logras tus objetivos, imagina la forma más eficaz de proceder e implementar un nuevo plan.

Crea un plan, una lista de tareas pendientes o una rutina para completar tus tareas.

Identifica los pasos que puedes eliminar, mejorar o acortar.

Aceptar responsabilidades y consecuencias

Aprende a lidiar con tus problemas.

Eres el único que puede lograr tus objetivos y resolver los problemas que encuentres. Incluso si tiene personas que lo apoyan, debes confiar en ti mismo para lograr lo que te propusiste hacer. Comienza a adquirir un espíritu emprendedor y acepta los desafíos que la vida te presenta.

En lugar de culpar a alguien o algo más cuando tiene un

problema, domínalo y trata de resolverlo tú mismo.

Concéntrate en lo que puedes controlar.

No sirve de nada perder el tiempo preocupándose por cosas que no puedes cambiar. Utiliza tu energía y motivación para gestionar las tareas que estás consciente de realizar. De esta manera, lograrás mucho más y, mientras tanto, obtendrás un enfoque más positivo.

Por ejemplo, si estás estresado porque a tu hijo le está yendo mal en la escuela, ten en cuenta que no puedes cambiar eso. Sin embargo, tienes la oportunidad de ayudarlo a estudiar si tiene preguntas, asegurarse de que duerma lo suficiente y animarlo a que se tome en serio su deber.

Establece objetivos realistas.

Es una excelente manera de mantenerse motivado y avanzar. Si estableces metas que están fuera de tu rango, te sentirás irremediablemente decepcionado y perderás la motivación a medida que avances.

En lugar de esperar perder todos los kilos que has ganado en un mes, fíjate como objetivo nadar o correr un kilómetro al día.

En cambio, sé un espectador.

Las personas proactivas no se hacen a un lado ni simplemente escuchan las sugerencias de los demás. Actúa e involúcrate, ya sea ofreciendo tu opinión durante las reuniones de negocios o creando un programa familiar.

Sé constante.

La constancia es un factor muy importante tanto en las relaciones interpersonales como con uno mismo. Descubra hasta dónde puede manejarse y dé pequeños pasos hacia sus objetivos.

Si hace promesas que no puede cumplir o tiene expectativas poco realistas, corre el riesgo de decepcionarse a sí mismo ya los demás.

Sé responsable.

Cuando tengas algo que lograr, apégate a la tarea que estableciste y asegúrate de hacerlo dentro de un tiempo razonable. En otras palabras, debes asumir la responsabilidad y dar a cada aspecto de tu trabajo la urgencia que se merece.

Considera confiarle a alguien todas las cosas que planeas hacer. Te ayudará a alcanzar tus metas y te dirá si puedes hacerlo mejor.

Rodeado de gente motivada.

Para ser proactivo, debes estar rodeado de personas que te motiven a actuar y sobresalir. Si estás con personas estimulantes, es más probable que también te mantengas motivado.

Si estás rodeado de personas negativas, perezosas o con pocos incentivos, es hora de distanciarte.

Verifica tus reacciones proactivas de manera

Concéntrate en soluciones en lugar de problemas.

Aunque es fácil ver los problemas como obstáculos insuperables, intenta cambiar tu forma de pensar. Intenta solucionarlos y averigua cuáles pueden ser las soluciones más adecuadas.

Si ves la adversidad como algo que puedes superar, tendrás menos dificultades para encontrar una solución.

Exprésate con calma en momentos de ira o angustia.

Si te agitas mientras hablas con alguien, respira profundamente un par de veces para calmarte y encontrar la concentración adecuada. Aunque es fácil ceder a la ira, intenta comunicarte con calma y eficacia.

Respira profundamente para calmarte cuando te sientas molesto, independientemente de si necesitas relacionarte con alguien.

Evite sacar conclusiones negativas.

Aunque es fácil emitir juicios apresurados, es importante estar bien informado antes de llegar a una conclusión. Si mantienes la mente abierta, podrás pensar de manera más racional y encontrar soluciones más adecuadas.

Si alguien no ha respondido a tu mensaje de texto, en lugar de asumir que no quiere hablar contigo, ten en cuenta que puede estar ocupado o no tener su teléfono móvil a mano.

Ponte en el lugar de otras personas para madurar un punto de vista diferente.

Si tienes dificultades para comprender la posición de una persona o deseas tener una idea más clara de la situación, considera el punto de vista de tu interlocutor. La empatía evitará que desarrolles una visión parcial de las cosas.

Si un empleado siempre llega tarde al trabajo, por ejemplo, trata de entender el porqué, trata de ver el problema desde su punto de vista. Tal vez tenga que llevar a sus hijos al colegio o los medios de transporte en los que viaja no siempre son puntuales.

Dedícate a actividades constructivas cuando te sientas desanimado o ansioso.

En lugar de estar atrapado en la ansiedad o erosionado por la duda, intenta distraerte haciendo algo. Si canalizas tu energía en pequeñas tareas, puedes sentirte más positivo y activo.

Por ejemplo, si no puedes evitar preocuparte por si obtendrás o no un aumento de sueldo, concéntrate en algo simple, como ordenar tu jardín o lavar los platos.

Al confiar en las personas en las que confías tus inquietudes, puedes recibir algunos consejos y, al mismo tiempo, aliviar algo de estrés.

Pregúntate qué o cómo podrías aprender de tus fracasos.

Si has sufrido una derrota, intenta atesorarla. Piensa en los otros caminos que podría haber tomado. Al convertir un revés en una conciencia, puede dar un paso adelante.

Mantén una actitud positiva.

De esta forma, no solo defenderás tu bienestar y felicidad, sino que aprenderás a tener un enfoque proactivo. En lugar de desmoralizarte por los problemas, trata de mantener tu positividad y verlos bajo una luz diferente.

Cuando todo parezca sombrío, intenta cortar de raíz los pensamientos negativos. Reemplázalos por otros más alentadores.

9 estrategias para buscar el éxito en la vida

Si quieres saber cómo triunfar en la vida y en el trabajo, estas son las 9 estrategias adoptadas por deportistas, inventores y magos de Silicon Valley para conseguir y acelerar resultados fuera de la norma.

En el siglo XIX, el magnate petrolero John D. Rockefeller, considerado uno de los hombres más ricos de la historia, tardó 46 años en ganar mil millones de dólares.

Recientemente, el fundador canadiense de la aplicación Slack, Stewart Butterfield, tardó menos de 2 años en lograr el mismo objetivo.

Por supuesto, la inflación de los últimos 150 años y la burbuja especulativa que se desata en Silicon Valley pueden explicar en parte esta diferencia. Pero lo cierto es que hoy en día existen herramientas, recursos y estrategias que pueden acelerar tus resultados de manera desproporcionada.

Sé que el éxito en la vida no significa necesariamente ser multimillonario, y por eso voy a tratar de ayudarte a encontrar formas de tener éxito, no solo económicamente.

Las 9 estrategias que vamos a ver han sido aplicadas en los sectores más dispares y por personas muy diferentes: presidentes estadounidenses, DJs de música electrónica, científicos, rebeldes cubanos, programadores, etc.

Cómo tener éxito usando SmartCuts

Las 9 estrategias de las que quiero hablarles hoy también se conocen como "cortes inteligentes".

La mayoría de la gente pierde el tiempo buscando atajos para el éxito.

Quienes realmente han logrado ese éxito saben perfectamente bien que el trabajo duro es esencial.

Para generar resultados formidables en poco tiempo, debes concentrar tus recursos en estrategias no convencionales basadas en el pensamiento lateral: los cortes inteligentes.

Aquí están los 9 smartcuts encontrados al analizar el trabajo de cientos de personas y empresas que han logrado obtener (sistemáticamente) resultados poco convencionales.

Juega mejor y más grande

Pregunta: ¿qué harías para conseguir (legalmente) una canoa, usando solo un palillo de dientes?

Esta pregunta se utilizó durante un proyecto que involucró a estudiantes de la Universidad Brigham Young en los Estados Unidos. En concreto, la tarea asignada a los alumnos era la obtención, mediante un simple trueque, de un objeto más grande y mejor que el proporcionado por el profesor (grapas, palillos, gomas, etc.).

El resultado de este proyecto fue sorprendente.

Algunos estudiantes lograron obtener una canoa gracias a un palillo, ¡o incluso un auto usado gracias a un clip! ¿Su secreto? Muchos pequeños trueques incrementales de objetos extremadamente diferentes:

Palillos de dientes> Paquete de chicle.

Envase de chicles> Revista Puzzles.

Revista de puzzles> Linterna.

Linterna> Jarrón de rosas.

Florero de rosas> Pistola de pegamento caliente.

Pistola de pegamento caliente> Refrigerador portátil.

Nevera portátil> Scooter.

Scooter> Canoa.

No te conformes con una carrera profesional tradicional, un título, una pasantía y un trabajo sin futuro en la misma empresa cerca de casa.

Obtén experiencia en un sector / empresa / país, aprende todo lo que puedas aprender y luego, después de 18-24 meses, busca algo “más grande y mejor”. Si eres un multipotencial, esta puede ser tu única forma de triunfar en la vida.

Encuentra un mentor que tenga este rasgo ...

Para ser el mejor, debes ir a la escuela con los mejores.

¿Cuántas veces has escuchado esa frase? Eso sí, no hay nada de malo en la frase en sí, digamos que está sesgada.

Pero tener un mentor no es suficiente. Además del conocimiento y la experiencia de nuestro maestro, necesitamos su vulnerabilidad. Demasiadas veces he visto a paragurús del crecimiento personal adorados como semidioses mientras realizan su espectáculo en el escenario.

A menudo, estos personajes tienden a distorsionar la realidad y su propia historia de éxito: proponen estrategias que aparentemente son compartibles, pero que tienen poco que ver con su camino de crecimiento real.

Pero lo que realmente nos ayuda son los errores cometidos y las dificultades superadas por nuestros mentores: no historias brillantes y empaquetadas.

Así que busca un mentor con quien puedas establecer una relación directa, que esté dispuesto a contarte sus fracasos y cómo lograron superar los obstáculos encontrados en el camino.

Aprende a fallar

Tú fallarás.

No, no quiero que fracases, pero lo harás.

Si estás tratando de lograr un objetivo importante, recuerda, los fracasos serán inevitables, pero no irreparables. En determinadas situaciones, el perfeccionismo puede ser su peor enemigo.

Prueba rápidamente tu idea en el mercado. Mantén tu ego bajo control y obtén comentarios negativos lo antes posible. Propón una nueva versión de tu idea y continúa este proceso iterativo hasta que encuentres el enfoque correcto.

Falla rápido. Fracasa a menudo.

Aprovecha lo que ya existe

Piensa en lo que estás trabajando en este momento y hazte estas preguntas:

¿Alguien más ha hecho esto antes?

¿Existe una plantilla con la que pueda empezar?

¿Puedo usar algo ya hecho para lograr el mismo resultado?

Tienes que ser brutal al elegir las actividades en las que realmente quieres dedicar tu tiempo.

Monta la ola

¿Conoces a Skrillex?

Skrillex, nacido Sonny John Moore, es un DJ de Los Ángeles nacido en 1988, considerado el referente mundial de la Música Electrónica de Baile (EDM).

Sean cuales sean sus gustos musicales, apuesto a que te interesará saber cómo el joven Moore pasó de beber cervezas en fiestas clandestinas celebradas en almacenes de los suburbios de Los Ángeles a jugar detrás de las consolas más famosas del mundo.

El arma secreta de Skrillex era el surf.

Su habilidad ha sido identificar y montar dos megatendencias que han conmocionado a la industria discográfica: las redes sociales y el auge de la música electrónica. La habilidad de Skrillex fue sobre todo la de "estar en el agua" cuando las olas alcanzaron su punto máximo.

La mayoría de las personas, de hecho, intentan montar una ola (una tendencia) cuando se rompe, y no reciben más que espuma en la cara.

Invirtiendo regularmente el 20% de tu tiempo y recursos en probar las innovaciones más prometedoras en tu mercado, presiona el acelerador cuando estas innovaciones se conviertan en la corriente principal.

Utiliza superconectores

Un superconector puede ser un individuo o una plataforma capaz de multiplicar el alcance de su mensaje.

Pensemos, por ejemplo, en el fenómeno Daniel Wellington (DW), el fabricante de relojes de fabricación china y diseño sueco que, en tan solo unos años, ha logrado establecerse en un sector tradicional dominado por empresas con siglos de historia.

El fundador de DW, Filip Tysander, ha aplicado el corte inteligente de los superconectores al pie de la letra, invirtiendo el pequeño presupuesto publicitario inicial de su pequeña empresa sueca en una sola estrategia (recuerda, tienes que trabajar duro y concentrarte): Regalar sus relojes de moda de bajo costo a los principales influencers de Instagram.

Al parecer, la estrategia funcionó: el perfil de Instagram de Daniel Wellington alcanzó los 2,3 millones de seguidores y la facturación de la empresa alcanzó los 220 millones de dólares en 2016.

<u>Batir la plancha mientras la plancha está caliente</u>

Los cortes inteligentes que propongo explican cómo tener éxito. El cuándo es casi impredecible.

Lo que debes tener claro es que solo puedes tener control sobre el proceso, sobre las acciones a implementar, pero nunca sabrás exactamente cuál será el evento único que hará explotar tu éxito de manera exponencial. El arduo trabajo que he estado haciendo de manera constante es un golpe de suerte. Los golpes de suerte te ayudan a lograr el éxito inicial.

Pero es la capacidad de capitalizar ese éxito y seguir golpeando mientras el hierro está caliente lo que te ayuda a lograr el verdadero avance.

No te conformes con eso. Sigue martillando.

<u>Apunta a la simplicidad</u>

¿Existe una forma más directa o más fácil de alcanzar mi objetivo? ¿Qué es esencial?

Simplificar. Simplificar. Simplificar.

Simplifica y automatiza tu trabajo.

Simplifica tus productos y servicios.

Simplifica tus rutinas y hábitos personales.

Simplifica tus finanzas.

Simplifica tu trabajo y tu espacio vital.

Pero sobre todo, recuerda: simple nunca es sinónimo de fácil. Lograr la simplicidad absoluta es quizás lo más complicado que tendrás que afrontar en tu vida.

Piensa en grande

La gente promedio sueña con aumentos del 10%. Las personas exitosas trabajan para obtener resultados 10 veces mejores.

Comprometerse con un pequeño progreso incremental a diario es, y sigue siendo, fundamental para tu crecimiento personal, pero aquí estamos hablando de actitud mental.

Si tu mayor aspiración es lograr una mejora del 10% en cualquier área de tu vida, seguirás pensando de la misma manera y harás lo que siempre has hecho.

Pero si realmente deseas acelerar tus resultados y lograr objetivos ambiciosos, debes comenzar a pensar mucho más.

Prueba este ejercicio:

Piensa en tu objetivo actual.

Ahora imagina que quieres alcanzar una meta 10 veces mayor de la que tenías en mente y tienes que tener éxito en una décima parte del tiempo.

Te das cuenta de que cuando piensas en estos términos, todos los patrones convencionales saltan y tu mente finalmente comienza a pensar en nuevas posibilidades.

¡Muchas de estas nuevas opciones serán poco prácticas, improbables o completamente absurdas! Pero entre ellos también puedes descubrir "gemas ocultas": posibilidades en las que nunca antes habías pensado y que, al fin y al cabo, pueden incluso funcionar.

10 hábitos para cambiar tu vida

A veces, todo lo que se necesita para cambiar tu vida es un cambio de dirección. A veces, para cambiar de dirección, todo lo que necesitas hacer es cambiar los hábitos.

Siempre pensé que solo los eventos extraordinarios podían cambiar tu vida: cosas como ganar la lotería, conocer a tu alma gemela, conseguir el trabajo de tus sueños, etc.

En parte todavía lo creo, pero las experiencias recientes me han enseñado que un buen hábito, repetido a diario y con disciplina, puede darte resultados mucho mejores.

Para formar un buen hábito no es necesario rezar, cruzar los dedos o esperar que la ley de la atracción funcione.

Para que un buen hábito cambie tu vida, solo tienes que empezar a formarlo hoy: tú decides.

Aquí tienes 10 buenos hábitos para empezar a cambiar tu vida, un día a la vez.

Levantarse temprano por la mañana.

Si no puedes levantarte una hora antes por la mañana, ¿cómo esperas alcanzar tus objetivos?

El hábito de levantarse temprano en la mañana tiene innumerables ventajas: estarás más motivado, "crearás" el tiempo necesario para alcanzar tus metas y tendrás tu propio momento libre de distracciones y urgencias.

Tómate 5 minutos para decir "gracias".

Sí, sí, lo sé: palabras como "gracias" o "gratitud" son muy pacíficas y amorosas, pero no tienes que creer en mi palabra, solo trata de pensar durante 5 minutos al día en cosas por las que estás agradecido: los efectos beneficiosos te sorprenderán. ¿No tienes nada por lo que estar agradecido? Intenta hacer una lista de las cosas que ya tienes y que no te gustaría prescindir de ellas.

Tus metas son importantes, dale otros 5 minutos.

Siempre pensé que para lograr cualquier objetivo se necesitaban dos ingredientes clave: concentración y acción. Visualizar tus metas a diario no te permitirá alcanzarlas, pero te recordará que hoy tienes la oportunidad de dar un paso adelante para acercarte a tus metas.

Ejecutar durante 30 minutos.

Empezar el día corriendo para mí y no para los demás ha supuesto una pequeña revolución en mi rutina diaria. Solo enumeraré algunos de los beneficios de este hábito: mayor concentración, mejor calidad de sueño, sensación generalizada de bienestar, mayor creatividad. Hacer actividad física a diario también te permite vencer el sedentarismo: uno de los silenciosos destructores de nuestra salud.

Completa 3 actividades importantes antes de las 11 am.

¿Qué objetivos podrías lograr si pudieras completar 3 actividades importantes todos los días? Adquirir el hábito de hacer 3 actividades importantes para ti antes de las 11 a.m. te permitirá aumentar tu productividad y hacer realidad algunos sueños más.

Haz 3 comidas saludables.

Eres es lo que comes. Creo que la educación alimentaria es un hábito que salva vidas.

Registra gastos superiores a 10 $.

Si tu objetivo es ganar dinero, una de las primeras cosas que debes aprender es ahorrar dinero. Toma nota de cada gasto que realices, estarás más pendiente de tus flujos. Sé que el hábito de ahorrar tiene poco encanto: todos queremos ganar dinero rápido y fácil, pero para construir un capital el primer paso es ahorrar: si a los 18 años empezaste a ahorrar $ 200 al mes, reinvirtiéndolos con una rentabilidad del 2% mensual, ¿sabes cuánto ascendería tu capital a los 37 años?

Describe tu día en 5 líneas.

Tener un diario es un hábito extraordinario. Escribir diariamente tus pensamientos, ideas, problemas y resultados tiene innumerables beneficios: escribir te ayuda a liberar tu mente, releer lo que escribes te ayuda a comprender lo que no funcionó y lo que funcionó en el pasado, escribir sobre tus metas y tu progreso te da motivación y enfoque. Para mi diario, intento no escribir nunca más de 5 líneas: el esfuerzo de síntesis me ayuda a aclarar.

Date una hora.

Para dar lo mejor de ti, debes poder recargarte a diario. Muchos aspectos de nuestra vida tienen el ritmo de la respiración: hay un momento para exhalar (trabajar, dar a los demás, entrenar, comprometer) y hay un momento para respirar (descansar, relajarse, cuidarse). Después de una intensa jornada de trabajo llega el momento de inhalar, dedicándote 1 hora a ti mismo: a pensar, a dedicarte a tu hobby, a divertirte. No hay mejor hábito para encontrar la felicidad todos los días.

Lee durante 30 minutos antes de quedarte dormido.

Siempre he pensado que leer es sinónimo de crecimiento. La lectura te permite adquirir nuevos conocimientos, entrenar tu mente y mejorar la comunicación escrita y oral. Se necesitan 30 minutos todos los días para leer de 20 a 30 libros al año. Usando técnicas de lectura rápida podrías llegar a más de 100. ¿Cómo sería tu vida si pudieras aplicar incluso una idea por cada libro que leas en tu vida diaria?

No te preocupes, nadie te está pidiendo que formes estos hábitos de una vez, ¡eso sería un gran error!

El secreto para revolucionar nuestras vidas es empezar a hacer un pequeño cambio a la vez, sin parar nunca.

Cómo eliminar un mal hábito

Cómo eliminar un mal hábito y crear uno bueno.

Un hábito es una elección que hicimos hace mucho tiempo y que se ha arraigado en nuestra mente. Con las herramientas adecuadas, podemos aprender a tomar mejores decisiones.

Los hábitos son, de hecho, el punto de partida, la base y los ladrillos elementales sobre los que podemos construir nuestra revolución personal.

Intenta imaginar por un momento cómo serían tus días si pudieras dejar de fumar, comenzar a comer de manera saludable, o dejar de procrastinar. Y eso no es todo. Imagínate cómo serían esos mismos días si pudieras levantarte temprano en la mañana, entrenar constantemente, trabajar productivamente. ¿Qué tan diferente sería tu vida? ¿Cuánta satisfacción sentirías por ti mismo? ¿Qué metas podrías lograr?

La fórmula mágica para cambiar un hábito no existe. Sí, has leído bien. No existe una fórmula mágica que te permita cambiar tus malditos hábitos de la noche a la mañana. Cada individuo es único, al igual que el conjunto de hábitos que caracterizan su comportamiento.

El hecho de que no exista una fórmula mágica única, no significa que no pueda existir un modelo general que nos ayude a entender cómo funciona un hábito y cuáles son las palancas sobre las que actuar para crearlo, cambiarlo o eliminarlo. Este modelo existe y se conoce como modelo señal-rutina-gratificación.

El modelo señal - rutina - gratificación

A finales de la década de 1990, los investigadores del MIT descubrieron un mecanismo neurológico subyacente a nuestros hábitos. Este mecanismo consta de 3 elementos esenciales: señal, rutina y gratificación.

La señal es una condición ambiental particular que empuja a nuestro cerebro a activar el "piloto automático" haciéndonos crear un hábito sin darnos cuenta. Los ejemplos clásicos de señales pueden ser: una condición emocional (por ejemplo, aburrimiento), la hora del día, un lugar físico, etc.

La Rutina es lo que hacemos automáticamente cuando se produce la señal. Una rutina puede ser física, es decir, realizamos determinadas acciones, mentales, es decir, tenemos pensamientos específicos, o emocionales, es decir, sentimos determinadas emociones.

La gratificación es lo que fortalece un hábito en nuestro cerebro. Gracias a una reacción bioquímica donde tendemos a recordar cosas que nos hicieron sentir placer (y evitar lo que nos causó dolor), una recompensa podría ser la solución para fortalecer un hábito en tu cerebro.

Para que entiendas mejor de lo que estoy hablando te cuento un ejemplo. En el pasado, todas las mañanas, apenas despertaba (señal), encendía mi iPhone para revisar mi correo electrónico (rutina) y sentía una forma sutil de satisfacción cuando recibía un nuevo mensaje (gratificación).

Eliminar, modificar o mejorar un hábito

1. Identifica la rutina

El primer paso clave para lograr cualquier cambio es la conciencia. La conciencia de los malos hábitos es la puerta de entrada a nuestro camino de crecimiento personal. Empieza por preguntarte qué hábitos tiene la intención de cambiar, qué hábitos están limitando tu potencial, qué hábitos están literalmente arruinando tu vida.

Si es necesario, haz una lista de estos hábitos. La mejor manera de comprender qué comportamientos deseas cambiar es comenzar con las rutinas detrás de estos hábitos. En mi ejemplo, encender tu iPhone y revisar tu correo electrónico fue la rutina a cambiar.

Identificar la rutina es fácil. Cuanto más difícil es comprender qué desencadena nuestra rutina, y aún más difícil es identificar la gratificación que estamos buscando. Por eso es necesario experimentar un poco.

<u>2. Experimenta diferentes formas de gratificación</u>

El objetivo de esta segunda fase es identificar las necesidades que estamos satisfaciendo con nuestras rutinas.

Imagínate revisando tu correo electrónico a primera hora de la mañana. Resiste esta necesidad urgente e intenta hacer algunos pequeños cambios: enciende tu teléfono inteligente y, en lugar de revisar tu correo electrónico, lea un artículo o medita durante 20 minutos, ¡o incluso mejor, sal a correr!

Ahora mismo no importa mucho lo que hagas (por supuesto, reemplazar un mal hábito por uno peor no sería particularmente inteligente), lo importante es experimentar diferentes gratificaciones, hasta encontrar la que satisfaga tu necesidad latente, al igual que la gratificación original.

Entender exactamente qué necesidad estamos satisfaciendo no es fácil, por eso te aconsejo que lleves un registro de tus experimentos: al final de cada nueva actividad escribe 3 palabras, las primeras que te salten a la mente. Pueden ser 3 palabras que describan tu estado de ánimo o pensamientos aleatorios. Después de escribirlos, hazte una pregunta simple: ¿todavía sientes la necesidad de revisar tu correo electrónico (o hacer tu rutina)?

La primera vez que respondas "no", habrás encontrado tu gratificación como reemplazo y las 3 palabras te ayudarán a comprender la necesidad que estás satisfaciendo. Para mí, consultar el correo electrónico significó comenzar el día con una "pequeña victoria", como un mensaje de una persona especial o un comentario positivo de un lector.

Bueno, en este punto solo tenemos que encontrar la señal que desencadena nuestro hábito.

<u>3. Aislar la señal</u>

En cuanto a mi antiguo hábito, "despertarme por la mañana" era la señal para revisar mi correo electrónico. Pero no siempre es tan fácil identificar la señal; A menudo ocurre que la señal juega al escondite. Sin embargo, la investigación realizada por académicos del MIT puede ayudarnos. De hecho, existen 5 categorías fundamentales de señales:

El lugar donde estamos.

La hora del día.

Nuestro estado emocional.

La gente con la que estamos.

Las acciones que hemos tomado.

Si quieres identificar tu señal, en los próximos días, cada vez que pongas en acción el hábito que quieres cambiar, intenta responder estas 5 sencillas preguntas:

¿Dónde estás?

¿Que hora es?

¿Como te sientes?

¿Con quién estás?

¿Que acabas de hacer?

Al responder estas preguntas durante una semana, podrás identificar la señal que desencadena tu rutina. Como dije, en mi ejemplo era la hora del día (el despertador).

4. Definir un plan de acción

Ahora que sabes mucho más sobre tu hábito, es hora de desmantelarlo una pieza a la vez y reconstruirlo desde cero, pero para hacer eso, ¡necesitas un plan! Por ejemplo, para deshacernos de un mal hábito, podríamos adoptar este sencillo plan:

Todas las mañanas, apenas despiertes (señal), ponte las zapatillas y sal a correr (rutina), para que podamos empezar el día con una pequeña victoria (gratificación).

Mi plan: una vez que tú también hayas identificado los 3 elementos esenciales de tu hábito, tendrás todas las herramientas para modificarlo, eliminarlo o mejorarlo.

Objetivos para el comienzo del año

A medida que el año viejo llega a su fin y se acerca el nuevo año, la saga de las buenas intenciones comienza de nuevo.

Es inútil que pretendas que no es nada, sé muy bien que ya has empezado a fantasear con todas las increíbles metas que pretendes alcanzar el próximo año: tener un cuerpo modelo, ganar 1 millón de euros, aprobar 8 exámenes universitarios y, en tu tiempo libre, conquistando el mundo.

Pero, pensando en las buenas resoluciones que tomaste el año pasado, ¿cuántas de ellas se han convertido en realidad? ¿Diez? ¿Cinco? ¿Uno? ¡¿Ninguna?!

7 pasos para hacer realidad sus propósitos

Resoluciones y no resoluciones.

Tenemos una tendencia a exagerar las capacidades de nuestro "Ego Futuro", olvidando el potencial de nuestro "Ego Presente". En las primeras semanas de enero, siempre queremos exagerar, llegando a febrero agotados y desmotivados. Este año hazte un favor: márcate objetivos ambiciosos, pero consíguelos. Recuerda: si estás buscando un éxito duradero, muchas pequeñas metas logradas son mejores que una gran meta perdida.

Planifica con anticipación.

Cuando decide perseguir un buen propósito, establecer un nuevo hábito, los primeros días son cruciales. Si emprendes una búsqueda inútil sin saber lo que te espera, es muy probable que abandones tus buenas intenciones. Si has decidido cambiar tu vida en el Año Nuevo, comienza a planificar tu "revolución personal" ahora. ¿Qué habilidades, qué necesitas realmente para intentar lograr tu objetivo? ¿Necesitas estar en un entorno y / o situación específicos para obtener los resultados que deseas? ¿Conoces a alguien que ya haya logrado tu objetivo y que pueda ayudarte? ¿Necesita orientación o una hoja de ruta clara? Estas preguntas pueden ayudarte a concentrarte bien en lo que te espera en los próximos meses.

Identifica los obstáculos.

Si te has marcado una meta ambiciosa y no crees que te encontrarás con ningún problema, bueno, tengo malas noticias para ti: los obstáculos son inevitables. De hecho, es cómo lidiar con estos obstáculos inevitables lo que determinará si alcanzarás o no tus metas. Una vez más, no te dejes atrapar desprevenido, piensa de antemano en cuáles pueden ser los obstáculos potenciales e imagina cómo puedes mitigar tus efectos. ¿Algunos ejemplos? Si has decidido ir al gimnasio, pero sabes que pronto perderá la motivación, intenta encontrar un compañero de entrenamiento que te mantenga en línea.

Elige una fecha simbólica.

No tienes que esperar hasta el 1 de enero para cambiar tu vida, el cambio real puede ocurrir todos los días, cada hora, cada momento. Y, sin embargo, las fechas simbólicas pueden funcionar. Fijar una fecha para nuestra revolución personal ayuda a nuestro subconsciente a fijar todos esos pequeños cambios debajo de la superficie, que serán de gran ayuda para nosotros cuando salgamos al campo. Toma un calendario, elige tu fecha de inicio y haz un círculo rojo alrededor. Estos pequeños gestos envían mensajes muy importantes a tu cerebro.

Escríbelo en todas partes.

¿Alguna vez te has preguntado por qué es tan difícil cambiar los hábitos? Establecer un nuevo hábito en nuestra vida requiere atención y presencia de ánimo. Generalmente necesitamos aprender una nueva habilidad, necesitamos cambiar nuestros horarios, necesitamos recordar hacer una determinada actividad, etc. A nuestra mente le encantan las rutinas: si rompes los patrones, tu cerebro perezoso se interpondrá en el camino. Pero podemos adoptar trucos para facilitar las cosas. Una de las estratagemas más efectivas es hacer que la atención del cerebro vuelva continuamente a nuestras metas. ¿Pero cómo? Simplemente elige un mantra, una frase que te motive o te recuerde constantemente tu objetivo, imprímelo en una hoja de papel y llévalo en tu billetera o cuélgalo frente a tu escritorio.

Los accidentes son parte del viaje.

Si no fracasas, no progresas. El fracaso es uno de los 5 ingredientes fundamentales del éxito: el fracaso no es una eventualidad, una maldición del destino o un signo de mala suerte. Todo lo contrario. El fracaso es un filtro: sirve para separar a quienes quieren una meta con todos ellos mismos, de quienes, al fin y al cabo, no están tan motivados. Si, por ejemplo, has decidido dejar de fumar y al cabo de una semana te encuentra con un cigarro en la mano, no hagas de ello una tragedia: trata de comprender las situaciones y pensamientos que desencadenaron el deseo de fumar y trabajar en estos desencadenantes. El éxito es cuestión de perseverancia.

Galardonado.

No hay nada que hacer, somos máquinas programadas para evitar el dolor y buscar el placer. Si aprendes a vincular el placer (el premio) con tus objetivos, será como ponerte en piloto automático para conseguir tus objetivos.

Entonces, ¿estás listo para hacer realidad tus propósitos de Año Nuevo?

CAPÍTULO TRES

PERSONAS CON MENTALIDAD DE ÉXITO

Shakespeare y los 7 hábitos que nos acercan a nuestras metas

A partir de la vida y obra del bardo, William Shakespeare, intentaremos comprender qué hábitos nos acercan a nuestros objetivos.

Ya sea que te sepas o no de memoria pasajes completos de sus tragedias, ciertamente has leído al menos algunos versos de Shakespeare.

De hecho, pocos otros artistas han logrado dejar una impresión tan profunda en la historia de la cultura y el vestuario.

En realidad, su figura histórica está envuelta en tinieblas, pero algunos testimonios y su vasta producción literaria pueden ayudarnos a comprender sus pensamientos y darnos pistas útiles para nuestro crecimiento personal.

Quería identificar para ti 7 hábitos que pueden acercarnos a nuestras metas más ambiciosas, inspirados en la vida del gran poeta inglés.

Entrenarte

En varias obras, Shakespeare cita el hábito como una fuerza excepcional, capaz de convertir a los hombres en esclavos o de provocar milagros. El bardo estaba especialmente atento a los hábitos que pudieran mejorar su rendimiento físico.

Shakespeare, de hecho, que también era actor de oficio, tenía que estar siempre dispuesto a esgrimir, bailar y moverse con extrema agilidad en el escenario.

No solo eso. Tenía que tener una voz capaz de ser escuchada incluso por el público más lejano (sin ningún tipo de amplificación, claro) y, sobre todo, tenía que mantenerse sano para afrontar las giras y el esfuerzo diario de un no puramente trabajo intelectual. En definitiva, la labor del actor, a principios del siglo XVII, requería una formación real. El entrenamiento físico constante y dirigido puede mejorar tu concentración, niveles de energía y autoestima.

Morir una vez

Casi todas las obras de Shakespeare están impregnadas de coraje, piensa, por ejemplo, en la épica batalla entre Macbeth y Macduff.

El propio poeta inglés tomó varios riesgos en su vida para hacer realidad sus sueños.

En primer lugar, dejar su natal Stratford-upon-Avon para irse a vivir a Londres en busca de fortuna, a pesar de que ya había formado una familia y en ese momento la economía de su padre no era particularmente próspera.

Unos años más tarde invirtió su dinero en la compañía de Lord Chamberlain, cuando el público apreciaba más sus letras que sus dramas teatrales. Sin embargo, su intuición lo puso en el camino correcto y el resto es historia.

Así que recuerda que los cobardes mueren muchas veces antes de morir, con el valiente sabor de la muerte solo una vez. Si quieres hacer realidad tus sueños en el nuevo año, acostúmbrate a correr riesgos. No, no tienes que hacer gestos atrevidos o estúpidos, pero aprende cada día a afrontar algo que te asusta y salir de tu caparazón.

Pierdes años

Desde 1585 hasta 1592, antes de que Shakespeare se mudara a Londres, no se sabe cuál fue su principal ocupación.

Algunos estudiosos afirman que enseñó y viajó por la mitad de Europa. Otros que ayudó a su padre como aprendiz en su guantera. Otros, que comenzó a acercarse al mundo de la actuación custodiando caballos de caballeros en la entrada de algunos teatros.

Podrían considerarse 'años perdidos', pero lo más probable es que fuera a partir de esos momentos de experimentación, intentos, pausas y observaciones que su talento pudo desarrollar.

Lo cierto, de hecho, es que, al final de este período, Shakespeare comenzó a escribir.

Así que deja de azotarte si en este momento sientes que tu vida no va a ninguna parte. Tu camino no siempre será lineal.

Eso sí, no estoy sugiriendo que te entregues a la pereza y al fanatismo desenfrenado, pero no esperes tener ideas claras sobre cada pequeño detalle de tu futuro. No pretendas saber siempre y perfectamente, sin hacerlo, qué camino tienes que tomar.

El camino hacia nuestra realización también está hecho de 'vacíos', persecuciones y momentos en los que usamos experiencias aparentemente confusas para adquirir más habilidades y tener ideas más claras sobre nosotros, nuestros talentos y nuestras metas reales.

Lo que siempre debemos acompañarnos no es la rigidez de mantener un rumbo que nos puede hacer infelices, sino la curiosidad, la voluntad de crecer, la voluntad de reinventarnos y empezar de nuevo, el coraje para intentarlo.

En el nuevo año, date la oportunidad de cometer errores y perder el tiempo explorando.

Hazte amigo de reyes y borrachos

Shakespeare leyó, observó y sobre todo escuchó mucho. Las palabras del pueblo, las historias de los viajeros, las baladas folclóricas. Siempre estaba dispuesto a ser alcanzado e inspirado por alguna idea que pudiera reelaborar y transformar en una obra de arte.

De la misma forma, una mente abierta y elástica nos permite interceptar con mayor rapidez tendencias, oportunidades y personas que pueden acercarnos a nuestros objetivos.

Trata de aprender a escuchar mejor y más. Amplía tu círculo de conocidos. Compárate con profesionales que también pertenecen a otros sectores. Obtén más información sobre temas que nunca has explorado.

En cuanto a Shakespeare, fueron algunos amigos muy poderosos de orígenes muy diferentes quienes le permitieron actuar frente a la reina Isabel, poniéndose en su gracia.

La próxima vez que tengas problemas, te irás de gira.

La vida de Shakespeare no fue todo rosas y flores. Baste decir que, además de las tragedias familiares, como la muerte de su hijo de once años, en algún momento de su carrera, Londres fue puesto de rodillas por la peste y todos los teatros de la capital fueron cerrados. por meses.

En ese momento, para seguir ganándose la vida, Shakespeare y su compañía decidieron organizar una gira fuera de Londres hasta que fuera posible volver a actuar en la capital inglesa. Así que mantuvieron viva la empresa, viajaron y adquirieron muchos conocimientos nuevos.

En lo que a nosotros respecta, vivimos en una era histórica en la que la peste es la menor de nuestras preocupaciones, pero incluso en nuestro caso, hay momentos en nuestra vida en los que lo intentamos con todas nuestras fuerzas, pero algo se interpone en el camino y parece para evitar que avancemos.

Estos son los momentos en los que nos damos cuenta de dos cosas importantes: si realmente nos preocupamos por nuestras metas. De qué estamos hechos. Ante los inevitables hundimientos de la mala suerte, no te rindas: cambia tu enfoque, pero sigue persiguiendo tus sueños.

Pregúntate cómo puede empeorar la situación en la que te encuentras (y luego hacer exactamente lo contrario). Piensa en lo que le recomendaría a un amigo en la misma situación que tú. La determinación a largo plazo y la flexibilidad a corto plazo es uno de los hábitos que nos acercan a nuestras metas.

Aprende e improvisa

La era en la que Shakespeare vivió y trabajó es similar a la nuestra en términos de innovación en el trabajo. Cuando comenzó a actuar, esta profesión aún no estaba bien codificada y no existía un curso de estudio preciso. Pero Shakespeare abrió su propio camino de todos modos. Comenzó trabajando junto a algunos actores como "aprendiz", aprendiendo todo lo que pudo. A lo largo de su vida, nunca dejó de observar, mejorar y aprender de las personas cercanas a él. Conocería a profesionales de todas las edades y aprovecharía lo mejor que pudiera de cada situación. Usó, por ejemplo, su experiencia como actor en el escenario para hacer más efectiva su carrera como escritor. Incluso, cambiaría las líneas o la dirección del escenario en el último segundo si veía que algo no estaba funcionando.

Luego llegó el momento en que los propios teatros cambiaron de forma: por primera vez se construyeron con un techo que les permitía actuar incluso con mal tiempo, para introducir efectos especiales y dirigirse a un público mucho más reducido.

En cierto modo, esta metamorfosis es similar a la situación que estamos viviendo con respecto al desarrollo tecnológico y todas las nuevas oportunidades profesionales relacionadas.

Si tienes una meta, pero no tienes claro el camino que puedes tomar para alcanzarla, no te quedes estancado. Busca oportunidades para trabajar junto a alguien que ya está haciendo lo que quiere, un mentor. Una vez que te conviertas en un "aprendiz", aprende todo lo que puedas. Y, como Shakespeare, sé siempre ágil y listo para improvisar, para corregirte en el proceso, para probar nuevas técnicas (o tecnologías) y nuevas formas de trabajar.

Haz de este enfoque tu guía en el nuevo año.

<u>No me importa si te llaman salvaje borracho.</u>

Un salvaje borracho: así exactamente llamaba Voltaire a Shakespeare. Para ser precisos, dijo que Hamlet era obra de un salvaje borracho. En otra ocasión, George Bernard Shaw también aplastó severamente el Cymbeline. Y, como anticipé anteriormente, al comienzo de su carrera la gente mostró claramente más aprecio por sus poemas que por sus obras de teatro.

Entonces, si incluso Shakespeare tuvo sus detractores y sus enemigos y sus malentendidos, podemos estar tranquilos. Evitemos el perfeccionismo y dejemos de querer ser buenos para todos. Eliminemos la obsesión por el juicio de otras personas. ¿Sabes qué es realmente crucial para hacer realidad tus sueños? No el aplauso de todos, sino el apoyo de los verdaderos fanáticos de tu trabajo y de tu amor propio.

Benjamín Franklin y sus 13 virtudes

13 virtudes del inventor y político estadounidense que te ayudarán a mejorar tu calidad de vida.

Además de ser el gran rostro impreso en billetes de 100 dólares, Benjamín Franklin fue un científico y político estadounidense. Fue periodista, publicista, autor, filántropo, abolicionista, diplomático, inventor y estuvo entre los protagonistas de la Revolución Americana. Franklin es mejor conocido por sus experimentos con la electricidad y la idea de establecer el horario de verano, y también es conocido como uno de los padres fundadores de los Estados Unidos.

Benjamín Franklin fue, por tanto, un genio polifacético y, como muestra su autobiografía, dedicó muchos años de su vida a la búsqueda de la "perfección moral". En 1726, durante un viaje en barco de Londres a Filadelfia, ideó un sistema de 13 virtudes para perfeccionar su conducta moral. El sistema se basó en un patrón preciso, que Franklin siguió durante muchos años, hasta la asimilación natural de las 13 virtudes.

Cada año, Franklin se comprometió a disciplinar cada virtud durante una semana, registrando cada transgresión en una tabla. Al final del primer ciclo de 13 semanas, Franklin repitió su camino virtuoso, por un total de 4 veces durante el año.

Aunque han pasado casi tres siglos, las 13 virtudes de Franklin siguen siendo una fuente de inspiración y pensé en compartirlas con ustedes como un estímulo para comenzar el nuevo año de la mejor manera posible.

Templanza

No comas hasta hartarte y no bebas hasta que estés eufórico. La alimentación saludable es uno de mis enfoques de Año Nuevo.

Tranquilo

No hables excepto para beneficiarte a ti mismo o a los demás. Evita los discursos inútiles. Practicar el silencio no solo es una técnica interesante para desarrollar la fuerza de voluntad, sino que en general puede ser una simple práctica meditativa y sobre todo una buena idea para empezar a reflexionar en lugar de seguir llenando el vacío con el sonido de nuestras palabras.

Orden

Cada cosa tuya tiene su lugar, a cada una de tus actividades dedica el tiempo adecuado. A menudo, el orden de los entornos en los que vivimos es sinónimo de nuestro orden mental.

Determinación

Decide hacer lo que debes hacer. Ejecuta sin dudarlo lo que has decidido. ¿Cómo sería tu vida si completaras todo lo que decidiste comenzar?

Ahorro

No gastes nada más que para hacer el bien para ti o para los demás, es decir, no gastes nada. Aprender a ahorrar dinero es esencial para sentar las bases de la tranquilidad financiera.

Laboriosidad

No pierdas el tiempo. Comprométete siempre con algo útil. Evita cualquier acción innecesaria. Tu laboriosidad o productividad personal es la herramienta a través de la cual puedes lograr tus objetivos de manera efectiva.

Sinceridad

No recurras a subterfugios que puedan causar daño. Deja que tus pensamientos sean inocentes y justos y permanezcan así cuando decidas expresarlos. La sinceridad es una inversión que paga un gran interés a largo plazo. En un país donde se alaba la astucia, la honestidad es una gran virtud.

Justicia

No ofendas a nadie haciéndolo mal o despreciando su bienestar.

Moderación

Evita los extremos. Evita el resentimiento por los errores que cree que se merecen.

Limpieza

No toleres la suciedad en tu cuerpo, ropa o hogar. Al igual que el orden, la limpieza es una virtud que se debe aprovechar para realizar cambios importantes en la vida.

Tranquilidad

No te preocupes por trivialidades o accidentes comunes e inevitables. Centrarse solo en aquello que controlamos puede ser una lección tan difícil de aprender como gratificante.

Castidad

Ten relaciones en raras ocasiones, solo para mantener la salud o procrear, nunca para saciarte, para debilitar o perjudicar tu paz o reputación o la de los demás. Bueno, ¡algunas de las virtudes de Benjamín se pueden derogar!

Humildad

¡Imita a Jesús y a Sócrates y no te equivocarás!

Steve Jobs: fuerza de voluntad y cómo aumentarla

Un método simple y eficaz para aumentar tu fuerza de voluntad.

Cuello alto negro, jeans Levi's modelo 501 y zapatillas deportivas New Balance. Durante más de una década, este ha sido el uniforme de Steve Jobs en la gran mayoría de sus apariciones públicas.

Como dice Isaacson en su biografía "Steve Jobs", detrás de esta excéntrica elección estilística estaba el deseo de crear un look inmediatamente reconocible por los fans de Apple.

Pero esa no es la única motivación.

En 1998 Jobs encargó más de 100 cuellos de tortuga negros idénticos al diseñador japonés Issey Miyake por otra razón. Una razón que poco tiene que ver con la marca personal, pero que puede sernos muy útil para entender cómo podemos aumentar nuestra fuerza de voluntad.

Ésta es la misma razón por la que Obama y Zuckerberg casi siempre usan la misma ropa.

La fuerza de voluntad y el esfuerzo por decidir

Todos estamos sujetos a lo que se conoce como fatiga de decisiones. La fatiga de decisiones es un concepto bien conocido en psicología e indica la tendencia de la mente humana a tomar decisiones cada vez peores a medida que aumenta el número de ellas. En otras palabras, existe un vínculo entre las decisiones y la fuerza de voluntad: cuantas más elecciones hacemos, más se deteriora nuestro autocontrol.

Cuando estamos bien descansados y alimentados, nuestra fuerza de voluntad está en su nivel más alto. Esta "batería mental", sin embargo, tiende a perder carga con cada decisión que tomamos (en términos científicos, hablamos de "agotamiento del ego").

De hecho, tomar una decisión, incluso la más trivial, tiene un "costo biológico" y consume nuestra energía mental.

Es por eso que, al final del día, tendemos a estrellarnos frente al televisor, saltarnos los entrenamientos del gimnasio o buscar algo de comida chatarra para atiborrarnos. Y es la misma razón por la que personas exitosas como Steve Jobs, Barack Obama y Mark Zuckerberg decidieron reducir su vestuario al mínimo.

Usar el mismo tipo de ropa todos los días es una forma (quizás extrema) de reducir la fatiga por tomar decisiones y mantener intacta la fuerza de voluntad para esas decisiones cruciales que debe tomar un director ejecutivo o un jefe de estado.

Algunas formas prácticas y efectivas de reducir las decisiones innecesarias y aumentar tu fuerza de voluntad a diario pueden ser útiles.

Cómo reducir las decisiones innecesarias y aumentar tu fuerza de voluntad

¿Cuándo nuestra "batería" de fuerza de voluntad está en su nivel más alto? ¡Sí! Cuando estamos bien descansados y alimentados. La primera técnica para mantener intactas nuestras reservas de autocontrol, es no desperdiciar una sola gota por la mañana cuando el "recipiente" está lleno.

<u>Adopta una rutina matutina precisa</u>

Si quieres empezar el día en primera, tienes que hacerlo en piloto automático. Sí, leíste bien. Tienes que intentar minimizar las decisiones que tomas en los primeros 60 minutos después de despertarte:

Prepara la ropa que usarás para el trabajo o la universidad la noche anterior.

Primero, intenta decidir qué vas a desayunar.

Evita responder correos electrónicos o mirar las redes sociales. Hacer clic en "Me gusta" sigue siendo una decisión.

Si deseas llevarlo al siguiente nivel, no solo evites decisiones inútiles, sino que adopta una rutina matutina real que te cargue de energía todos los días. ¿La mejor forma de hacerlo? Dedica los primeros 60 minutos de tu día a la llamada hora sagrada.

Usar listas de verificación

Sea cual sea nuestro trabajo, siempre tendremos que lidiar con actividades rutinarias. Los peores son los que tienen una frecuencia semanal, mensual o trimestral. De hecho, por repetitivas que sean, estas actividades nos obligan cada vez a decidir exactamente qué tenemos que hacer, cómo tenemos que hacerlo, cuándo tenemos que hacerlo, etc.

A la luz de lo que hemos visto hasta ahora, esto es un desperdicio inútil de nuestra energía mental.

¿Cómo podemos evitarlo? Utilizando listas de verificación.

Define para cada una de tus actividades de rutina una lista de verificación precisa (secuencia de actividades) de cosas por hacer. Escribe tu lista de verificación solo una vez y luego olvídate de ella hasta que tengas que sacarla para completar esa molestia administrativa por enésima vez.

Si eres autónomo o emprendedor, recuerda que definir tus listas de verificación es el primer paso esencial para delegar estas actividades a tus empleados.

Establece tus comidas

Existe un vínculo estrecho entre la dieta y la fuerza de voluntad. Como hemos visto, las decisiones que tomamos durante el día tienden a consumir nuestras energías físicas. Y adivinen qué nivel tiene nuestra "batería mental" justo antes de una comida, ¡bajo cero!

Por eso, por mucho que intentemos seguir nuestra bendita dieta, cuando tengamos hambre y tengamos que elegir entre una ensalada saludable y un plato de espaguetis amatriciana, nuestro cerebro se inclinará automáticamente hacia lo último.

Una buena estrategia para evitar esto es planificar las comidas con anticipación.

Esto también se aplica cuando comemos en casa: en lugar de abrir la nevera y asaltarla a la primera señal de hambre, decide tus comidas para los próximos 3-4 días y compra en el supermercado exclusivamente para estas comidas. Perderás menos tiempo comprando, perderás menos dinero y mejorarás tu figura.

Odiamos sentirnos enjaulados en las rutinas diarias y por eso defendemos la libertad de tomar decisiones más bien vanas, que nos dan una ilusión de libertad, creatividad e independencia. Al mismo tiempo, sin embargo, sin darnos cuenta, nos encontramos constantemente enjaulados en una existencia que no nos pertenece, pero no encontramos el tiempo y no tenemos la energía mental para tomar las decisiones realmente importantes que pueden revolucionar nuestras vidas.

Seamos claros, nadie quiere imponer un comportamiento extremo como Steve Jobs. Probar y poner en práctica las 3 estrategias que sugerí (rutina matutina, lista de verificación, planificación de comidas) ciertamente no te hará daño. Si lo haces por sí mismo, habrás aprendido algo nuevo sobre ti mismo.

Si, por el contrario, estos pequeños cambios logran liberar incluso un gramo de la energía mental necesaria para perseguir tus metas más ambiciosas, bueno ... yo diría que valdrá la pena.

Quién sabe, tal vez en unos meses, en lugar de perder el tiempo decidiendo qué filtro usar en Instagram, comenzarás a pensar en quién quieres ser realmente dentro de 5 años, pero lo más importante, tendrás la fuerza de voluntad para convertirte en esa persona.

Elon Musk - Cómo tu mentalidad determina tu destino

Elon Musk es más único que raro.

Un genio, dicen muchos. Uno que hace posible lo imposible, uno que demostró que todos los que le dijeron "no se puede hacer" y "nunca lo lograrás" estaban equivocados.

Pero, ¿es la habilidad de Elon Musk, fruto de su genio, lo que es imposible de emular de nosotros, los "mortales comunes", o es, al menos en parte, consecuencia de una forma de pensar que se puede aprender?

En el momento en que nos decimos a nosotros mismos que una persona exitosa es un genio, lo ponemos en un nivel diferente al nuestro y comenzamos a considerarlo imposible de lograr. Se vuelve incluso inútil tratar de entender cómo lo hacen, porque lo mantenemos como una implicación de que nunca podríamos hacer lo mismo.

Creo que esto es un error. Y si es cierto que es posible que nunca se convierta en un multimillonario-inventor-filántropo, es cierto que hay mucho que aprender observando a los demás.

La nueva información nos permite mejorarnos a nosotros mismos de formas que ni siquiera imaginamos. En lugar de decir "es un genio" y cerrarlo allí, prefiero hacer la pregunta: ¿qué hay que aprender?

Elon Musk nació en Sudáfrica y no tuvo una infancia sencilla. Elon describe a su padre como "malvado" y fue acosado durante toda su carrera escolar. A los 17, decidió mudarse a América del Norte con la ciudadanía canadiense que heredó de su madre. Su padre no lo aprobó, por lo que no le dio apoyo económico y le dijo que fracasaría y que dentro de tres meses volvería.

Elon llegó a Canadá con dos mil dólares, una bolsa llena de libros y una mochila con ropa. Durante un año vagó por Canadá trabajando en una granja y en un aserradero. Luego se matriculó en la Queen's University y luego en la University of Pennsylvania, donde obtuvo una licenciatura en física y otra en finanzas. Fue aceptado en Stanford para un doctorado en supercondensadores, pero era el verano de 1995 y Elon sabía que Internet estaba a punto de explotar. Tenía una idea para una empresa de Internet, así que, apenas dos días después del año académico, decidió dejar Stanford y fundó su primera empresa con su hermano: Zip2, que se convirtió en la primera empresa en ofrecer mapas e indicaciones en línea.

Zip2 y las páginas amarillas

Cuando fundó Zip2, Elon Musk tenía $ 110,000 en deuda universitaria y $ 3,000 en efectivo, que invirtió en la empresa.

Sin dinero para alquilar una oficina o un apartamento, él y su hermano dormían en la oficina y se duchaban en el gimnasio local. La única computadora que habían utilizado como servidor durante el día y la noche Elon la usó para codificar y construir la tecnología detrás de Zip2.

En los primeros días, cuando buscaban financiamiento de las empresas que producían las páginas amarillas, el producto que Zip2 pretendía reemplazar, Elon y su hermano fueron recibidos con cejas levantadas e indiferencia. Hubo un episodio famoso en el que un ejecutivo de una de estas empresas le lanzó un volumen de páginas amarillas diciendo "¿Crees que alguna vez podrás reemplazar esto?"

Cuatro años después, Zip2 se vendió a Compaq por más de $ 300 millones. Elon se encontró con 22 millones de dólares en el bolsillo.

De PayPal a cohetes en el espacio

Elon Musk, sin embargo, no quedó satisfecho. Motivado por construir algo significativo en lugar de dinero, descubrió que la tecnología que había construido para Zip2 no se había explotado adecuadamente y que el potencial de la empresa no se había aprovechado realmente.

Luego fundó una compañía financiera en línea; X.com, el primero de su tipo, que poco después se fusionó con otra empresa, Confinity, para formar PayPal. Parece increíble hoy, pero PayPal fue votada como una de las 10 peores ideas comerciales del año en 1999.

Elon Musk y los otros fundadores de PayPal vendieron la empresa a eBay en 2001 por más de mil millones de dólares. Elon encontró 180 millones de dólares en su bolsillo.

En este punto, Elon podría haber comprado un archipiélago en alguna nación del Pacífico y vivir de margaritas y playas por el resto de su vida. En cambio, fundó SpaceX, una empresa de cohetes para ir al espacio. Incluso sus amigos más cercanos temían que se hubiera vuelto loco.

SpaceX y Tesla

Todos le dijeron que no funcionaría. Solo un gobierno, con miles de millones en dinero público a su disposición, podría entrar en órbita. Para tratar de convencerlo de que se rindiera, uno de sus amigos más cercanos le hizo ver una mezcla de cohetes que explotaban.

Un año después, cofundó Tesla, una empresa de automóviles eléctricos con la misión de acelerar la transición del mundo a las energías renovables, lo que Elon Musk cree que es el mayor problema del siglo. La idea de un automóvil eléctrico fue rechazada por toda la industria automotriz como estúpida e imposible en ese momento.

Hoy en día, SpaceX vale más de $ 30 mil millones, lanzando el cohete más poderoso al espacio y el único cohete que puede aterrizar y ser reutilizado. El 31 de mayo de este año (2020), Crew Dragon llevó a sus dos primeros astronautas a la Estación Espacial Internacional.

SpaceX está construyendo ahora Starlink, la constelación de satélites más grande jamás lanzada, y Starship, un cohete aún más grande, de bajo costo y totalmente reutilizable con la ambición de aterrizar en Marte en unos pocos años.

Tesla hoy tiene un valor de más de $ 100 mil millones, tiene cuatro fábricas, aproximadamente 50,000 empleados y está impulsando a toda la industria automotriz hacia la electrificación.

Elon Musk no se ha detenido

Dado que SpaceX y Tesla aparentemente no fueron suficientes, Elon fundó dos empresas más. Una es The Boring Company, que Elon fundó en 2016 porque estaba harto del tráfico infernal en Los Ángeles, y que tiene como objetivo reducir el costo de construcción de túneles de transporte público. La otra es Neuralink, una empresa que tiene como objetivo combinar cerebro y computadora, inicialmente para curar enfermedades como el Alzheimer, pero a la larga para evitar el peligro de que la inteligencia artificial general haga irrelevante a la humanidad ...

¡Puedes ver por qué Jon Favreau envió a Robert Downey Jr. a Elon Musk para inspirarse antes de filmar la primera película de Iron Man!

El "cómo" y el "por qué"

La verdadera pregunta en todo esto no es solo "¿cómo lo hace?" pero también "¿por qué lo hace?".

Estos increíbles resultados no llegaron sin dificultad. Tesla se arriesgó a la bancarrota en 2008, 2009, 2013 y 2018. Los tres primeros lanzamientos de SpaceX fallaron y la compañía casi muere en 2008, cuando Elon tuvo que invertir todo lo que tenía para salvar a las compañías y se arriesgó a perderlo todo.

Para mantenerse detrás de ambas empresas, Elon Musk trabaja 80 horas a la semana con picos de más de 100 horas a la semana cuando hay problemas. Recientemente, durante una entrevista, dijo que la última vez que se tomó una semana de descanso fue en el 2000, cuando casi muere de malaria y no había conexión a Internet en el hospital.

¿Cómo hace todo lo que hace? ¿Y por qué no compra un rancho en Texas y simplemente juega golf en lugar de seguir y seguir?

El significado

¿Qué lo motiva?

Mirando sus acciones, la respuesta es obvia: el significado. En varias entrevistas habló de cómo de niño tuvo un momento de crisis en el que se preguntaba cuál era el sentido de la vida. Leyó a Nietzsche y Schopenhauer, pero el libro que le dio la respuesta fue The Hitchhiker's Guide to the Galaxy. El contenido filosófico del libro es que lo más difícil de encontrar no es la respuesta, sino la pregunta. Una vez que la pregunta se expresa correctamente, la respuesta es la parte más fácil.

"Sabemos que la respuesta es el Universo. ¿Cuál es la pregunta?" - Elon Musk

La búsqueda de la demanda no puede existir sin la conciencia y la conciencia humanas, por lo que la humanidad debe ser protegida y capacitada para expandir su conocimiento.

¿Por qué te levantas por la mañana? ¿Por qué quieres vivir? La vida no puede ser solo una serie de problemas a resolver.

Las acciones siguen el significado

Las acciones de Elon Musk tienen mucho sentido si comprendes la motivación detrás de su razonamiento. Tesla sirve para solucionar el cambio climático y así proteger el futuro de la humanidad. SpaceX es necesario para que la humanidad algún día salga "entre las estrellas" en busca de preguntas y respuestas.

"No estoy tratando de ser el salvador de nadie. Solo quiero levantarme por la mañana y no estar triste". - Elon Musk

Se habla mucho de la motivación y de vivir la propia existencia al máximo, pero la clave para hacerlo es el significado. Si lo que haces no tiene sentido, ¿por qué deberías levantarte por la mañana?

Es fácil decir "bueno sí, pero es multimillonario", más difícil es imaginarse dedicándose en cuerpo y alma a algo. Esto implica riesgo, trabajo duro y una plétora de críticos que se regocijan cuando fallas.

¿Por qué deberías presentarte? Porque lo que da satisfacción no es la comodidad, sino el significado, y el significado reside en la acción.

Elon Musk es un ejemplo extremo. El significado no tiene que ser tan ambicioso como "traer vida a otro planeta. El tamaño del propósito no importa, siempre que haya un propósito".

Razonamiento desde los primeros principios

Sí, está bien, pero ¿cómo lo hace?

Mucha gente le ha preguntado a lo largo de los años. Una de las respuestas que da Elon es que la gente no piensa en los primeros principios, sino por analogía. En lugar de ir a la esencia de las cosas y volver al razonamiento a partir de ahí, la gente tiende a tomar el atajo de la analogía: otros hacen eso, yo siempre he hecho eso, todos están de acuerdo en que tienes que hacer eso y yo hago aquello también.

El razonamiento por analogía es muy útil en la vida cotidiana porque te permite hacer lo correcto sin perder el tiempo pensando en ello. ¿Por qué usas ropa interior cuando te vistes? Te han enseñado a hacer eso, todo el mundo hace eso, así que tú también lo haces. Pero no es como si hubieras estado pensando y analizando las razones por las que tienes que usar ropa interior y si la ropa interior es realmente la forma ideal de obtener el resultado. Cuando quieras hacer algo, copia de otros y luego haz pequeños ajustes a tus necesidades personales.

Razonamiento por analogía versus razonamiento desde los primeros principios

Razonar por analogía ahorra tiempo y energía. No podrías llegar al final del día sin este atajo, pero solo funciona bien cuando el problema ya ha sido experimentado por otros y, por lo tanto, existe una sabiduría colectiva confiable en la que basarse.

Pero cuando quieres hacer algo por primera vez, cuando eres el pionero y te enfrentas a lo desconocido, pensar por analogía falla estrepitosamente. ¿Cómo se puede construir un avión en un mundo donde nunca ha volado ningún avión? Si piensas por analogía, pensarás que es imposible, porque nadie lo ha hecho nunca.

Aterrizajes de cohetes

Cuando Elon Musk decidió producir un cohete capaz de aterrizar después de haber sido lanzado en lugar de ser lanzado como cualquier otro cohete, incluso los ingenieros de la NASA dijeron que era un tonto y que nunca tendría éxito.

Razonaron por analogía: dados los cohetes disponibles, dada la tecnología y las restricciones, sería imposible fabricar un cohete reutilizable.

El razonamiento de Elon fue el primero en encontrar la solución para un cohete reutilizable. Después de identificar las características, se preguntó si estas características violaban las leyes de la física. De lo contrario, significaría que podría ser posible construir un cohete con estas características.

Dado que la respuesta fue que las leyes de la física permitían teóricamente tal cohete, Elon puso a los ingenieros de SpaceX a trabajar para desarrollar las tecnologías necesarias para crearlo. No fue fácil y tuvieron varias explosiones espectaculares en el camino, pero hoy SpaceX logró aterrizar dos cohetes juntos en un ballet sincronizado.

El software con el que trabaja tu mente

Ser inteligente es importante, pero tan importante como tener el "software" adecuado. Piensa en tu mente como una computadora. Incluso la computadora más poderosa no puede funcionar bien si está llena de programas y virus inútiles.

Esta analogía no es más que una forma diferente de decir que tienes que aprender a expresar tu potencial. Si no expresas todo tu potencial, es porque a tu mente le falta un programa, o hay un programa de mala calidad, o un virus que te impide completar una acción o ver una solución.

Si el hardware se entrega al nacer, el software se puede cambiar y mejorar. Pensar desde los primeros principios significa no estar bloqueado por sus creencias actuales y, en cambio, determinar lo que quiere primero y luego pensar en cómo conseguirlo.

Elon es un maestro en ver las cosas como realmente son y razonar a partir de ahí con una forma totalmente diferente de tratar los problemas.

31 años y $ 180 millones

A la edad de 31 años, después de vender PayPal, Elon se encontró con $ 180 millones y una pregunta: ¿qué hacer?

La analogía habría dicho: hagas lo que hagas, no te arriesgues a perder tu dinero. Además, eres bueno construyendo empresas de Internet porque eso es lo que siempre has hecho, así que deberías seguir haciéndolo. Y cuando tienes 31, es demasiado tarde para aprender algo completamente nuevo y arriesgarte a fallar.

Pero Elon Musk razonó primero, preguntándose qué le importaba hacer. Otra empresa de Internet ya no le interesaba. Comenzó porque quería contribuir al crecimiento de Internet, pero ahora, en 2001, había mucho talento que estaba dedicándose al Internet.

Para aumentar el conocimiento y la conciencia humana, Internet fue un gran proyecto en el que participar. La existencia de Internet permitió a las personas por primera vez comunicarse instantáneamente y tener acceso a todo el conocimiento humano de todos los rincones del mundo, mientras que antes esa información había viajar de una persona a otra, como por ósmosis. Internet fue la humanidad construyendo su propio sistema nervioso. Pero en 2001, Internet ya no necesitaba a Elon.

Conocimiento y espacio

Si el objetivo es aumentar la capacidad de la humanidad para expandir su conciencia del Universo, entonces es esencial que la humanidad aprenda a viajar en el espacio. Pero en 2001 los planes de la NASA de ir a Marte se habían hundido y la tecnología espacial estaba disminuyendo en lugar de mejorar.

Elon Musk decidió entonces que lo más importante que podía hacer era iniciar una empresa aeroespacial e intentar cambiar las cosas.

El razonamiento por analogía y el pensamiento colectivo gritaba que no lo hiciera. Elon no sabía nada de cohetes, nunca había construido nada en el mundo de los átomos, lo que sabía era el mundo de los bits. Habría perdido todo su dinero, todo el mundo habría dicho que estaba loco y se habría reído de él.

En una entrevista, Elon describió su razonamiento de esta manera, ya que los cohetes siempre han sido caros, por lo que los cohetes siempre serán caros en el futuro. Pero eso no es cierto. Empezando por el material de un cohete, aluminio, titanio, cobre, fibra de carbono. ¿Cuál es el costo de estos materiales? Supón que tienes el material en el suelo y con una varita mágica podrías organizar los átomos en forma de cohete sin costo, ¿cuál sería el costo del cohete? Realmente bajo, alrededor del 2% del costo de los cohetes.

El costo es cómo se reorganiza el material, por lo que debemos descubrir cómo reorganizar los átomos en la forma correcta de manera más eficiente. Organicé una serie de reuniones con expertos, algunos de los cuales trabajaban para grandes empresas aeroespaciales, para tratar de averiguar si había un truco que me perdí. No pude encontrar ninguno. No parecía haber más limitaciones. Así que fundé SpaceX ".

El "secreto" de Elon Musk

La historia, la sabiduría colectiva y sus amigos le decían una cosa, pero su razonamiento desde los primeros principios le decía otra. Elon Musk fundó SpaceX con su propio dinero porque había calculado tener solo un 10% de posibilidades de éxito. La misión era reducir drásticamente el costo de acceso al espacio para abrir la posibilidad de que la humanidad se convierta en multi planetaria.

Elon dice que, si lo que quieres hacer es importante, hazlo incluso si las probabilidades no están a tu favor.

Ésta, y las otras hazañas de Elon Musk, no son solo fruto de su inteligencia. El resultado se crea por la forma en que razona y por sus acciones que apuntan a un propósito preciso que tiene un significado profundo para ti.

Es impresionante cómo pocos conceptos verdaderamente significativos pueden cambiar tu visión del mundo y hacerte hacer las preguntas correctas.

CAPÍTULO CUATRO
MENTALIDAD COMERCIAL

Comercio y emociones: ¿cómo se forma un precio?

¿Cómo se relacionan el comercio y las emociones?

El precio es una convergencia momentánea de opiniones entre compradores y vendedores, e indecisos. El precio lo decide el comportamiento de una masa de personas, todos los que participan y todos los que de alguna manera influyen en las opiniones de los que participan.

Los movimientos en Bolsa reflejan todos los comportamientos y decisiones que toman los participantes, y ahora está científicamente comprobado que todo proceso de toma de decisiones está influenciado por el lado derecho y no por el lado racional de nuestro cerebro, desde las emociones que sentimos. Son las multitudes las que crean las tendencias. Todo es cíclico, y de cada emoción brota la siguiente, en un eterno movimiento que te lleva al punto de partida. En pocas palabras, cada onda se puede descomponer en la suma de ondas armónicas simples, las de cada participante del mercado.

Muchos sociólogos y estudiosos del comportamiento grupal han realizado experimentos en los que se demuestra que el pensamiento grupal es diferente del pensamiento individual: la lealtad al grupo y el sentido de protección que sientes al formar parte de él debilitan la capacidad de emitir juicios independientes, pero sobre todo se vuelve muy complicado no estar a merced de las emociones.

Las emociones que siente una multitud son mucho más fuertes y también más primitivas (piensa en el pánico o la euforia, por ejemplo, en situaciones extremas).

¿Alguna vez has pensado en la razón por la que siempre parece que el mercado retrocede exactamente tan pronto como cerramos nuestra operación comercial con pérdidas?

La experiencia también nos dice que, si no la hubiéramos cerrado, habría seguido yendo en contra nuestra. El caso es que, siguiendo las emociones básicas, seguimos los mismos miedos de la mayoría, cerramos las operaciones deficitarias como consecuencia de este miedo, todos juntos, y en ese momento cuando se acaban las secuelas, el mercado está listo. para invertir el curso.

En cada momento de esta eterna rotación podemos acompañar lo que está sucediendo en el mercado con las emociones que sienten los traders en la mayoría de los casos (y su comportamiento).

La buena noticia es que hay muchas formas de aprender a manejar las emociones y a mantenerse fuera de este mar embravecido, tanto con un conjunto de estrategias prácticas que ayuden a la disciplina, como con una mentalidad interna que nos ayuda a estar totalmente presentes y conscientes.

La teoría de Dow: los 6 principios de las tendencias del mercado

La Teoría de Dow es la base del análisis técnico: aquí están los

6 principios estudiados por Dow sobre las tendencias del mercado con el fin de anticipar movimientos futuros e interceptar cambios de tendencia.

Cualquier intento de descubrir los orígenes del análisis técnico conduce inevitablemente a la Teoría Dow, estructurada en 6 principios sobre tendencias y características del mercado. Aunque tiene más de 100 años, la teoría de Dow sigue siendo la base de gran parte de lo que sabemos hoy sobre análisis técnico.

La teoría de Dow se formuló a partir de una serie de contribuciones al Wall Street Journal escritas por Charles H. Dow desde 1900 hasta el año de su muerte en 1902.

Estas teorías se basan en las creencias de Dow sobre cómo se ha comportado el mercado de valores en el pasado y cómo se podría utilizar el mercado para medir la salud del entorno empresarial.

La utilidad de la teoría de Dow

Dow cree que el mercado de valores en su conjunto es una medida confiable de las condiciones económicas en todo el mundo y que, al analizar el mercado global, es posible evaluar con precisión estas condiciones e identificar la dirección de las tendencias importantes del mercado y la dirección probable de las acciones individuales.

Basándose en esta teoría, Dow creó el índice industrial Dow Jones y el índice ferroviario Dow Jones Index (ahora el índice de transporte), originalmente desarrollado por Dow para el Wall Street Journal. Dow creó estos índices porque estaba convencido de que proporcionaban un reflejo preciso de las condiciones comerciales dentro de la economía, cubriendo dos sectores económicos principales: industrial y ferroviario (transporte).

Aunque estos han cambiado en los últimos 100 años, la teoría de Dow todavía se aplica a los índices de mercado en la actualidad.

Gran parte de lo que conocemos hoy como análisis técnico tiene sus raíces en la teoría de Dow. Por esta razón, todos los operadores que utilizan el análisis técnico deben conocer los seis principios básicos de la teoría de Dow.

Los 6 principios básicos

La Teoría de Dow se divide en 6 principios, todos ellos profundizados en el análisis y desarrollo de la teoría que veremos más adelante.

Los 6 principios básicos de la teoría de Dow son:

- En el mercado existen tres tipos de tendencia (primaria, secundaria, menor);
- Las tendencias se dividen en tres fases (acumulación, especulación, distribución);
- El mercado descuenta todos los productos nuevos;
- Los índices del mercado de valores deben confirmarse entre sí;
- Los volúmenes deben confirmar la tendencia;
- La tendencia permanece confirmada hasta una clara

reversión.

Echemos un vistazo más de cerca a los 6 principios de la teoría de Dow.

<u>Las tres tendencias del mercado</u>

Una parte importante de la teoría de Dow radica en la distinción de las diversas direcciones del mercado. Para hacer esto, la teoría de Dow usa el análisis de tendencias.

La teoría de Dow identifica tres tendencias en el mercado: tendencia primaria, tendencia secundaria y tendencia menor. La tendencia primaria es una tendencia mayor que dura más de un año, mientras que la tendencia secundaria es una tendencia intermedia que dura de tres semanas a tres meses y a menudo se asocia con un movimiento contra la tendencia primaria. Finalmente, la tendencia menor a menudo dura menos de tres semanas y está asociada con movimientos en la tendencia intermedia.

La tendencia principal

En la teoría de Dow, la tendencia principal es la tendencia principal del mercado, lo que la convierte en la más importante de determinar. Esto se debe a que la tendencia predominante es la que afecta los movimientos del precio de las acciones. La tendencia primaria también tiene un impacto en las tendencias secundarias y menores dentro del mercado.

Dow ha establecido que una tendencia primaria generalmente tiene una duración de uno a tres años, pero en algunos casos esta indicación puede variar. Independientemente de la duración de la tendencia, la tendencia principal permanece activa hasta que se confirma una reversión. Por ejemplo, si en una tendencia alcista el precio cierra por debajo de un mínimo anterior, podría ser una señal de que el mercado se dirige hacia abajo, no hacia arriba.

En el análisis de tendencias, una de las cosas más difíciles de determinar es cuánto tiempo permanecerá el movimiento del precio dentro de una tendencia primaria antes de que cambie de dirección. Lo más importante es identificar la dirección de esta tendencia y posicionarse en ella, no en su contra, hasta que las señales sugieran que la tendencia principal se ha revertido.

La tendencia secundaria (o intermedia)

En Dow Theory, una tendencia principal es la dirección principal en la que se mueve el mercado. Por el contrario, una tendencia secundaria se mueve en la dirección opuesta a la tendencia primaria, o como una corrección de la tendencia primaria.

Por ejemplo, una tendencia primaria alcista estará compuesta por varias tendencias secundarias bajistas, traducidas en movimientos en los que el máximo de un movimiento alcista es menor que el máximo del movimiento anterior.

En una tendencia descendente primaria, la tendencia secundaria será en cambio ascendente, es decir, un movimiento en el que el mínimo es superior al mínimo del movimiento anterior.

A continuación, se muestra un ejemplo de una tendencia secundaria dentro de una tendencia alcista primaria.

Observa cómo los máximos a corto plazo (indicados por las

líneas horizontales) no pueden crear máximos más altos, lo que sugiere una tendencia a la baja a corto plazo. Dado que el retroceso no cae por debajo del mínimo de octubre, los operadores utilizarán esta señal para confirmar la validez de la corrección dentro de una tendencia alcista primaria.

En general, una tendencia secundaria (o intermedia) suele durar de tres semanas a tres meses, mientras que el retroceso de la tendencia secundaria suele estar entre un tercio y dos tercios del movimiento de la tendencia primaria. Por ejemplo, si la tendencia alcista primaria mueve el Dow Jones de 10,000 a 12,500 (+2,500 puntos), uno esperaría que la tendencia secundaria mueva el índice hacia abajo alrededor de 833 (⅓ por 2,500).

Otra característica importante de la tendencia secundaria es que sus movimientos suelen ser más volátiles que los del movimiento primario.

La tendencia menor

El último de los tres tipos de tendencia en la teoría Dow es la tendencia más baja, definida como un movimiento del mercado que dura menos de tres semanas. La tendencia menor generalmente incluye movimientos correctivos dentro de la tendencia secundaria, o aquellos movimientos que van en contra de la dirección de la tendencia secundaria.

Por su carácter de corto plazo y el foco principal de largo plazo en la Teoría Dow, la tendencia menor no juega un papel fundamental según los seguidores de la teoría. Pero esto no significa que sea completamente irrelevante; la tendencia menor debe considerarse teniendo en cuenta el panorama general, ya que estos movimientos de precios a corto plazo forman parte tanto de la tendencia primaria como de la secundaria.

La mayoría de los partidarios de la teoría de Dow se centran en las tendencias primarias y secundarias, ya que seguir tendencias menores implica riesgos considerables.

Si prestas demasiada atención a las tendencias menores, puedes caer en operaciones irracionales, ya que los inversores pueden distraerse con la volatilidad a corto plazo y perder de vista el panorama general. En pocas palabras, cuanto más largo sea el período de tiempo incluido en la tendencia, más importante es la tendencia.

Las tendencias tienen 3 fases

El segundo principio de la teoría de Dow explica que las tendencias del mercado tienen y siguen 3 fases diferentes.

Los 3 tipos de fases de tendencia se denominan acumulación, especulación y distribución. La última fase, distribución, se denomina fase de acceso en un mercado alcista y fase de pánico en un mercado bajista.

Fase de acumulación

- En el mercado alcista

  La fase de acumulación en un mercado alcista es donde comienza la tendencia alcista, que generalmente coincide con el mínimo de una tendencia bajista (pero no siempre). Este es el punto donde los comerciantes bien informados y profesionales ingresan al mercado obteniendo los mejores precios, ya que el mercado en esta primera fase está infravalorado.

Esta es la fase más difícil de detectar de una tendencia alcista, ya que puede confundirse con una simple oscilación de tendencia dentro de un rango. El análisis técnico puede indicar una entrada en la fase de acumulación, ya que esta fase suele estar precedida por una fase de consolidación de la tendencia bajista anterior.

- En mercado bajista

  Dentro de un mercado bajista, la fase de participación ocurre cuando los operadores experimentados venden o recortan posiciones pensando que el mercado está sobrecomprado. Una vez más, esta fase es difícil de detectar. El análisis técnico puede ser útil para identificarlo, ya que generalmente se produce después de una tendencia alcista y un período de consolidación.

Fase de participación

- Mercado alcista

  La fase de participación en la tendencia alcista llega cuando la buena noticia comienza a ser recibida por el público en general. Las masas comienzan a comprar, empujando los precios cada vez más alto. Esta fase no es necesariamente más empinada que la fase de acumulación, pero generalmente dura más y los precios se mueven más.

- Mercado bajista

Dada la participación masiva de inversores en un mercado bajista, la fase de participación suele ser la parte más larga de la tendencia y con el mayor movimiento de precios. Aquellos que siguen la tendencia generalmente salen del mercado en este momento o entran en una posición corta (una posición corta es cuando un inversionista toma prestadas acciones de un corredor y las vende en el mercado. El inversionista debe devolver los valores prestados comprándolos nuevamente en mercado, esperando que el precio baje).

Fase de distribución

- Exceso de mercado alcista

  La fase de exceso comienza cuando los inversores experimentados comienzan a reducir la exposición y a participar de las ganancias. Es la fase de tendencia en la que los operadores deberían comenzar a buscar signos de debilidad en el impulso alcista. La fase de exceso es un evento típico durante el estallido de una burbuja especulativa.

- Pánico en el mercado bajista

  Nuevamente, ocurre lo contrario con la fase de exceso. Un choque de negatividad ingresa al mercado y una ráfaga de ventas a veces resulta en niveles de pánico. Algunos inversores experimentados empezarán a decidir entrar en el mercado en este punto para intentar sacar provecho de las malas noticias.

El mercado se lleva todas las novedades

El tercer principio de la teoría de Dow es simple pero intuitivo: el mercado siente, metaboliza y se mueve a raíz de las noticias al respecto. Esto significa que los mercados de valores, el mercado Forex, el mercado de materias primas, etc. evalúan y descuentan todas las noticias sobre el mercado tan pronto como se publican.

El mercado está "informado de manera eficiente" sobre todas las noticias, ya sean noticias sobre fundamentos económicos, datos de tasas de interés, anuncios sobre datos corporativos o sentimiento general. Los desastres naturales también tienen un cierto peso en los precios en el mercado.

Tan pronto como las cosas cambian, el mercado se ajusta extremadamente rápido para reflejar la nueva valoración del mercado.

El tercer principio de la teoría de Dow es una de las discusiones más populares dentro del análisis técnico; AT se enfoca en predecir los movimientos futuros de precios basados en patrones de gráficos, acción del precio, niveles de soporte y resistencia e indicadores técnicos; no considera otros factores, como noticias fundamentales. Sin embargo, todos los operadores que basan sus estrategias en el análisis técnico deben tener un amplio conocimiento de los fundamentos antes de abrir una posición.

Los índices de mercado se confirman entre sí

La teoría de Dow sostiene que índices similares deben correlacionarse porque tienen la misma exposición a las condiciones económicas actuales. Por ejemplo, el Dow Jones debe tener una correlación con el índice de transporte Dow Jones. Si existe algún tipo de divergencia, Dow sostiene que habrá un cambio de tendencia en uno de los índices, por lo que es difícil predecir dónde comenzará esta nueva tendencia primaria o si se desarrollará. Sin embargo, si hay una correlación, se genera una confirmación de la tendencia.

Las tendencias deben ser confirmadas por volúmenes

Si los volúmenes más altos acompañan al alza o la caída de la tendencia, este es un buen indicador que confirma la fuerza de la tendencia según la teoría de Dow. Si estamos en presencia de volúmenes bajos, en cambio, la tendencia aún podría ser válida, pero no es representativa de una visión general. La teoría Dow asume que el volumen acompaña a los movimientos de precios como indicador. Es un indicador secundario que confirma el movimiento del precio, confirmando así la tendencia. De hecho, el volumen debería aumentar cuando los precios suben o bajan, lo que indica que más personas están expuestas al mercado.

La tendencia permanece confirmada hasta que haya pruebas claras de lo contrario.

Debe tener lugar una clara inversión de tendencia antes del inicio de una nueva tendencia. La tendencia generalmente termina en condiciones corporativas y económicas lo suficientemente fuertes como para forzar el cambio de tendencia. Pero una tendencia podría pasar por una fase de corrección de la tendencia secundaria y luego continuar con la tendencia primaria: el análisis técnico puede ayudar a establecer las señales que indican el final de la tendencia.

El objetivo de los operadores de tendencias no es confundir una corrección con el comienzo de una nueva tendencia primaria. Es por eso que esperan una evidencia clara para asegurarse de que la tendencia haya terminado definitivamente.

Conclusiones

La teoría de Dow es la base del análisis técnico; sin embargo, el mundo ha cambiado en los últimos 100 años. Los vínculos entre todos los índices son menos fuertes, con índices de compra de tecnología que se han afianzado en el mercado y otros índices mundiales que han ganado importancia. Los numerosos análisis de los muchos índices que existen en la actualidad están reduciendo la precisión de la teoría de Dow. Sin embargo, no hay duda de que la teoría de Dow es importante para el análisis técnico.

Equilibrio emocional y atención plena

El equilibrio emocional y la atención plena son los dos componentes del éxito comercial.

En mi experiencia como trader, habiendo comenzado a practicar la meditación, vi que necesitaba encontrar estrategias y técnicas para manejar las emociones y luego aplicarlas mejor junto con las habilidades adquiridas con mindfulness.

Tripartición del cerebro (Paul MacLean)

El neurólogo Paul MacLean ha estado desarrollando la teoría del cerebro tripartita desde 1949. El cerebro humano ha evolucionado hasta ser lo que es hoy a través de diversas etapas de desarrollo, que se encuentran en los tres sectores en los que se divide:

1. Cerebro de reptil:

Esta es la parte más antigua y gestiona las funciones básicas de supervivencia:

instintos, reproducción, sueño, digestión, circulación sanguínea, sentido de territorio e instinto de supervivencia, luego ofensiva y defensa. Por tanto, funciona de forma impulsiva, y también se dice que es primitivo.

2. Cerebro o sistema límbico de mamíferos:

Está presente solo en mamíferos, rige las emociones relacionadas con el apego y las relaciones sociales, las emociones y los recuerdos preverbales. En particular, la amígdala proporciona a cada estímulo el nivel adecuado de atención, enriqueciéndolo con emociones y manejando el miedo y los recuerdos emocionales a través de la confrontación de la experiencia presente con la experiencia pasada.

3. Neocórtex:

Presente solo en humanos, se divide en hemisferio derecho e izquierdo. Se trata de pensar, razonar, planificar y hablar, utilizando la lógica y la creatividad. Procesa la información recibida a través de las experiencias y realiza todas las funciones cognitivas.

Los descubrimientos de la neurociencia

Según el profesor Sam Wang, neurocientífico de la Universidad de Princeton, la información no solo es una parte importante de todo el proceso de toma de decisiones, sino que es el punto de partida.

Oímos antes de pensar.

Estos son los pasos:

1. Evento
2. La evaluación de la amígdala provoca una emoción
3. Se envía una señal emocional a la neocorteza.
4. aquí se combinan diferentes emociones en un sentimiento
5. Las sensaciones mezcladas con la experiencia se convierten en un pensamiento

Reinventándonos para crear el estado de ánimo del trader

La biología, las circunstancias, el proceso de adaptación, crecimiento, apego emocional y otras cosas crean nuestro mapa perceptivo, es decir, nuestra forma de ver el mundo de forma automática, que se compone de creencias, percepciones y conversaciones mentales.

Todas estas cosas determinan la forma en que operamos. Estos elementos deben ser llevados a la superficie, a nuestra conciencia, examinados y reorganizados.

Este es un proceso de tres pasos:

<u>1. Manejo de las emociones</u>:

Cómo usar el cuerpo y la mente para lidiar con las emociones, en particular el miedo, y así adquirir la capacidad de manejar el miedo, la codicia, la impulsividad, etc., para que no tomen el control del comercio y nos cortocircuiten emocionalmente.

2. Nueva forma de entender la mente:

Aprendemos a ver nuestro diálogo interior, nuestros pensamientos, de una manera diferente. A través de la atención plena podemos convertirnos en observadores de nuestra mente y ver cómo somos en nuestros pensamientos en lugar de pensar en ellos.

En este punto podemos reorganizar la percepción del mercado, de modo que el trading se convierta en una posibilidad, pero no solo en una posibilidad. La clave está en pasar de tener el foco en no perder, a estar centrado en la gestión de riesgos, para que las posibilidades de éxito estén a nuestro favor.

3. Alinear nuestra naturaleza completa para lograr el desempeño ideal, que ya es

dentro de nosotros.

Aprender a despertar aspectos dormidos de nosotros mismos, cómo acceder a ellos, para poder reorganizar permanentemente nuestro estado mental como traders. Desde esta posición podemos experimentar la calma, la disciplina, la imparcialidad y el coraje necesarios para lograr el estado mental de mayor rendimiento en el comercio.

Por lo tanto, es necesario primero aprender a regular las propias emociones, posiblemente alcanzando un estado de equilibrio emocional, y luego aplicar la capacidad de conciencia y presencia y solo entonces será posible realizar los cambios necesarios, reorganizar la mente para poder comercio desde un estado mental de alto rendimiento.

La psicología y las reglas del comercio

El trading es una disciplina hecha de pura adrenalina, pero también de impaciencia, éxito y fracaso. Estos límites están muy cerca. Una delgada línea los conecta, más de lo que puedas imaginar, ¡y aquí es donde entran en juego las emociones!

Aprender a controlar tus emociones utilizando la psicología del trading puede hacer una contribución esencial a tus operaciones y, sobre todo, al equilibrio de tu vida laboral. Al igual que en el deporte o en cualquier buen estudiante con una buena ética laboral hay un componente esencial que no se debe subestimar: la mente. Es capaz de darnos resultados inesperados con menos esfuerzo en el tiempo si aprendemos a entrenarlo constantemente sin llegar a estresar el agotamiento.

Para crear la mente del comerciante

- Redacta tu horario diario
- Crea y organiza tus espacios de trabajo
- Alcanza metas y no apuestas dictadas por ímpetu
- Estudia en lugar de confiar en coincidencias ilógicas improbables.
- Sé tenaz y paciente

- No vivas el comercio con ansiedad.
- ¡No confíes solo en tu instinto (usado solo en el comercio es prácticamente inútil)!

¿Por qué el impacto emocional es tan importante en el comercio y para quienes operan en los mercados financieros?

La mentalidad es definitivamente uno de los aspectos más importantes para quienes se acercan al mundo de las finanzas personales y el comercio. El éxito depende de ti y de las decisiones que tomes en cada etapa del comercio en los mercados. Primero, aprende a manejar tus emociones y, en consecuencia, tu cartera.

Las fases a controlar

- Identificación comercial
- Análisis
- Abrir un puesto
- Vigilancia
- Gestión de riesgos
- Gestión de ganancias y / o pérdidas

La primera Posición real que debes tomar es dedicarte a aprender a tratar tu Mente como un músculo. Debes mantenerte en constante entrenamiento y como decíamos, no debes exponerlo a un estrés excesivo.

Definitivamente, la mentalidad correcta está hecha de

disciplina, ritmos y reglas como levantarse temprano, por ejemplo, que te permitirán hacer de tus hábitos una fortaleza y no una debilidad.

No nos damos cuenta de que nuestro Tiempo está compuesto en su mayor parte por nuestras reacciones que solo nos llevan a reaccionar ante los eventos y no a aprender a preverlos. Ser dueños de nosotros mismos es la primera gran regla para no estar condicionados por lo que nos rodea, sino aprovechar las mejores oportunidades.

¿Cuáles son los errores más comunes en la gestión de las emociones comerciales?

La prisa es enemiga del tiempo

Ser apresurado por temor a perder tus ganancias o el dinero invertido en una posición de negociación abierta ciertamente no ayuda a administrar tus ahorros.

Empieza por el concepto fundamental de invertir solo lo que estés dispuesto a perder y organiza la gestión de tu dinero para no correr el riesgo de exponerte demasiado a las fluctuaciones del mercado.

Permitir que tu estrategia se pruebe verdaderamente y sin filtros mentales puede ser una buena manera de ver si estamos en el camino correcto.

Errores como oportunidades

No veas todas las operaciones con pérdidas como una pérdida de tu cartera, sino como una oportunidad para aprender las estrictas leyes del mercado y asegurarte de estar en el lado correcto tanto como sea posible gracias a tu mejora constante.

Nunca dejas de aprender, pero hay una diferencia entre interpretar mal un análisis o una predicción de mercado en lugar de estar literalmente abrumado por las emociones al reducir a la mitad o perder cualquier beneficio.

¿Cuáles son las principales emociones a controlar?

Codicia

La codicia puede convertirte en un esclavo psicológico de las posiciones de mercado abiertas. Un comerciante debe tener su propio plan (mejor si está escrito). En este caso también es beneficioso utilizar el buen lápiz y papel para enfatizar los puntos a respetar.

Confianza en el mercado

La coherencia con tu estrategia no debe llevarte a creer que es infalible o ganadora a cualquier costo. Todo tiene un costo y la confianza con la esperanza de ver subir o bajar tus posiciones solo nos expone a riesgos innecesarios.

Ser presa del mercado no es difícil, así que aprende a ser consciente de que a veces es mejor aliviar las pérdidas y reabrir en otros puntos en lugar de verse empañado por la confianza en el mercado.

Ansiedad

La ansiedad en las etapas del mercado que enumeramos anteriormente, especialmente en la apertura y gestión de una posición abierta, es muy común para los principiantes. La negociación se realiza sobre la base del estudio, pero también de la probabilidad y esto nos lleva a temer por nuestras inversiones.

Existen herramientas que pueden hacer que nuestras operaciones sean más serenas y hacernos comprender que el comercio debe verse como una oportunidad para comprender.

Un stop loss configurado correctamente puede ayudarnos a prevenir pérdidas no deseadas. En cambio, la toma de ganancias nos permitirá cerrar una ganancia de tendencia en un punto dado.

El plan comercial

Algo que puede ayudarnos a controlar nuestras emociones y establecer nuestra ruta de negociación diaria, semanal y mensual es tener un plan bien definido.

De hecho, el Plan de negociación no solo nos permitirá ir a escribir el resultado de nuestro análisis e identificar la tendencia subyacente. El mercado es un entorno complicado, denso e intrínseco como un Bosque donde momentos de mayor volatilidad, quizás con noticias importantes, abruman al mercado y nos desestabilizan también.

El Plan de negociación te permitirá enfocar tu estrategia y hacerla lo más consistente posible con tus operaciones.

Día de cambio

El comercio diario (o el comercio intradiario) es quizás el más difícil y complejo de tratar como presión psicológica. Es quizás el área donde el miedo a la pérdida puede tener el efecto más devastador. Cualquier cosa puede pasar durante tu jornada de negociación y por eso hay que estar bien organizado mentalmente para afrontar la montaña rusa que nos ofrece el mercado, llamada en jerga The Ups n 'Downs

No te voy a decir que te prives de tus emociones o las dejes a un lado como un robot. Eso no es lo que quiero transmitirle, porque privaría al Trading de la parte que más le apasiona y que lo hace atractivo.

Recuerda siempre que el comercio es un negocio y, como tal, se compone de planes y estrategias que te llevarán a tomar decisiones.

Elecciones que requieren acciones reales y, por tanto, responsabilidad. Ser codicioso o temeroso solo aumenta tus pérdidas y preocupaciones diarias. Estos últimos a un volumen demasiado grande, incluso más que el dinero, terminan volviéndose inmanejables.

No existen métodos infalibles, pero solo tú puedes llevar tu crecimiento personal en el comercio y no solo a un nivel cada vez más alto con buenos hábitos simples. ¡No olvides usar tu Mente!

Comercio y disciplina

Pero, ¿qué es la disciplina en el comercio?

Mucha gente respondería que es la capacidad de realizar continuamente su propia estrategia y seguir sus propias reglas. Esto también incluye la parte de preparación y evaluación de un oficio.

Por tanto, es necesario:

1. Tener una estrategia que tenga resultados estadísticamente positivos a lo largo del tiempo

2. Ponerlo en práctica

Lo primero es necesario y ya debes tener una estrategia a la que aplicar la disciplina.

En el comercio, el desafío más importante es contra tu persona. A menudo, escuchas a los comerciantes quejarse de tu falta de disciplina. Comencemos diciendo que la palabra disciplina en el trading es un poco demasiado general: en realidad pueden ser comportamientos muy diferentes por no tenerla, y nadie los experimenta todos.

En general, cada uno de nosotros tendrá un par de áreas en las que concentramos nuestros principales obstáculos comerciales, y solo tendrías que eliminarlos para llevarlo al siguiente nivel.

Es muy útil que todos se den cuenta de cuáles son tus desafíos, los que tienen el peor impacto en los suyos, para que puedan superarlos en particular, poniendo tus dificultades en otra perspectiva.

¿Cuáles son las razones por las que los traders pierden la disciplina?

Los traders pierden la disciplina por muchas razones y en varias áreas:

<u>Estrategia</u>

El primer problema posible es no tener una estrategia que tenga una ventaja estadística. Sin uno, es intuitivo comprender que no se puede operar de manera rentable de manera constante. Por cierto, ni siquiera es posible que entiendas si eres disciplinado o no.

Otro problema es no elegir el mercado, el marco de tiempo, el tipo de negociación que es más apropiado para tus habilidades y aptitudes, tu tolerancia al riesgo y tu carácter. Si vas en contra de tu naturaleza, es bastante normal que tengas problemas para seguir esas reglas.

Por ejemplo, una persona que es muy analítica y reflexiva, que está acostumbrada a tomar decisiones con mucha calma y después de una larga deliberación, no es la mejor candidata para estrategias de corto plazo, donde sobresaldrán personas con una gran capacidad de mirar, sintetizar, y rapidez en la toma de decisiones.

El riesgo en el primer caso es que, al no poder ingresar a las operaciones a tiempo, esa persona llegará tarde cuando el intercambio ya no esté disponible para realizarse.

La falta de confianza en la estrategia suele deberse a una falta de conocimiento estadístico: sucede que el motivo de una serie de pérdidas es simplemente inherente a la estrategia elegida, y saber qué tipo de distribución pueden tener los resultados de las operaciones, al menos sobre la base de pruebas posteriores, puede eliminar esta desconfianza.

Mente

El aburrimiento, la distracción y los mercados planos son un primer problema para la mente. Hay períodos prolongados en los que no sucede nada en los gráficos. Si te aburres, puedes realizar intercambios solo para hacer algo, y no porque se haya presentado una oportunidad de acuerdo con tu estrategia. Encontrar otras cosas que hacer en estas situaciones es fundamental: leer, investigar, estudiar, desarrollar nuevas estrategias, etc.

La fatiga y la sobrecarga mental conducen a una baja concentración. Así como hay periodos muy tranquilos, hay otros muy emocionados, intensos. Después de un día en el monitor con mucha atención te sientes cansado, tanto física como mentalmente. Cuando estás cansado, la incidencia de errores es mucho mayor y tu rendimiento cae.

Tienes que aprender a reconocer los signos de fatiga, a dosificar tu energía y sobre todo a recuperarte a medida que avanza el día, sobre todo con ejercicios de recuperación del estrés, que te devuelvan la energía física y mental en minutos.

<u>Emotividad</u>

Después de algunas operaciones con pérdidas, puede sentir enojo o frustración, y estas son emociones peligrosas:

Provocan cambios fisiológicos (producción de cortisol, la hormona del estrés) y que comprometen su capacidad para tomar decisiones racionales y objetivas. Espera hasta que vuelvas a estar en un buen estado de ánimo antes de tomar decisiones con respecto al comercio (los ejercicios de recuperación del estrés también son muy útiles aquí), de lo contrario, no tomarás los correctos.

Incluso una serie de operaciones positivas puede ser peligrosa:

conduce a un exceso de confianza, que puede aumentar de tamaño de manera exagerada y hacernos entrar en transacciones que no son del todo correctas, porque disminuye nuestra percepción de riesgo.

Debes aprender a reconocer el exceso de confianza, que como toda emoción tiene su propio patrón físico cortado, para saber cuándo estás en riesgo y tener cuidado de usar tamaños apropiados.

No aceptar pérdidas es otro gran problema, porque lleva a mover los frenos y dejar correr las pérdidas. Aprender a aceptarlos y lidiar con ellos de manera efectiva es esencial para ser disciplinado.

Asumir demasiados riesgos (en comparación con nuestra percepción personal del riesgo) genera un alto nivel de estrés, por lo tanto, ansiedad y preocupación, que comprometen nuestra capacidad de toma de decisiones.

Esto también incluye posiciones que son demasiado grandes en relación con nuestra cuenta y, por tanto, posibles pérdidas demasiado elevadas dadas las consecuencias que acabamos de ver.

El tamaño de la posición siempre es fundamental para evitar este tipo de emoción.

Condiciones generales

La presión de todo lo que tenga que ver con el trading, o con nuestra vida, el estrés emocional, momentos particulares de presión financiera, nos afectan negativamente.

Es posible que experimentemos períodos de retiro prolongados, pero aún dentro de los parámetros de nuestra estrategia, y no debemos dejarnos influir por el hecho de que tenemos que pagar las facturas.

De la misma forma, pueden ocurrir momentos de estrés o dificultades de diversa índole en la vida, que nada tienen que ver con el trading, pero siempre debemos ser conscientes de que los traemos en nuestra forma de trading, de buena gana o no.

Reconocer estas situaciones y tomar las precauciones necesarias para no cambiar el comportamiento es absolutamente necesario.

Personaje

Muchas facetas de nuestro carácter influyen en nuestro trading: hay quienes no les gusta seguir las reglas, quienes son impulsivos, quienes aman los excesos o arriesgarse.

Todos estos son aspectos que pueden poner en riesgo nuestra capacidad de ser disciplinado. Por ello es importante conocerse a sí mismo, y elegir un estilo de trading que esté en línea con nosotros, incluso explotando quizás estos lados que pueden parecer difíciles de abordar el trading, en cualquier caso, tratando de trabajar simultáneamente en mejorar tus contrarios.

Los hábitos mortales en el comercio

Puedes acceder al comercio desde muchos caminos de vida

diferentes, a menudo con la ilusión de construir una fortuna, quizás comenzando con pocos medios e incluso en poco tiempo.

No hay barreras para el ingreso a la Bolsa, por lo que todos pueden participar, desde los que se acercan con cautela y disciplina hasta el jugador que simplemente ve otro juego de azar.

En el medio, decenas de personas mal capacitadas son pulverizadas, junto con su capital, a menudo quemando sus cuentas con hábitos comerciales que resultan mortales y destructivos.

Desafortunadamente, la mayoría de las personas que se acercan al comercio toman la ruta destructiva porque convertirse en un operador profesional requiere cientos de horas de preparación y observación, mientras que la mentalidad general ve los mercados como un casino.

En realidad, ser rentable requiere que estudies tus estrategias durante meses o años y sigas perfeccionándolas, y continuar analizando tus hábitos comerciales, cambiándolos cada vez que se interponen en tu camino.

Pero, ¿cuáles son los 10 peores y más destructivos hábitos comerciales del capital (material y psicológico)?

Sobrecomercio:

Cada configuración debe reflejarse en el conjunto de reglas que nos llevan a decidir que es válida y que podemos correr ese riesgo. En cambio, muy a menudo, la adrenalina que sientes cuando estás expuesto al mercado se convierte en la principal motivación, lo que lleva a posiciones abiertas solo por la prisa por ganar o perder.

Este hábito es especialmente perjudicial si vienes de una serie de ganancias aleatorias, es decir, que no dependes de la estrategia y cómo la seguimos, y nos hacen sentir invulnerables.

Sigue los consejos de otros:

Los mejores oficios reúnen las características necesarias antes de ingresar al mercado.

Este proceso requiere mucho esfuerzo y lleva a los traders con menos experiencia a renunciar a sus trabajos necesarios y seguir los consejos de aquellos que se consideran más experimentados, ya sea un gerente de banco, un trader en Twitter o un grupo de FB.

Lo más arriesgado es no entender la configuración con la que ingresas ni la estrategia detrás de ella (no es que no sepas qué hacer cuando las cosas salen mal.

Palanca demasiado alta:

Hoy en día, el apalancamiento que ofrecen los brokers, tanto en cfd como en Futuros (aunque menor en términos de margen) es alto, y debes aprender lo más rápido posible que no debe usarse, pero sí debes usar apalancamiento.

Si utilizamos el margen que podamos, tendremos una exposición al riesgo de perder nuestro capital muy alto, mucho más allá del capital en sí.

Martingala:

Los operadores aprenden desde el principio que pueden reducir su precio medio de carga añadiendo más posiciones con pérdidas, a un precio "mejor".

Parece una buena idea, de hecho, está aumentando el riesgo al que te expones, en una operación que ya está y puedes encontrarte en el lado equivocado durante semanas o meses en el lado equivocado del mercado, con una exposición de este punto demasiado alto, y un capital que se está erosionando.

Otro asunto si esta mediación está prevista por la estrategia, y el riesgo total se calculó antes, con criterios que no pasamos.

Sigue el sentimiento:

Los comerciantes pueden optar por aprender a través de un proceso de formación o seguir la respuesta emocional. En este caso, el miedo a perder el posible movimiento toma el control absoluto, atrayendo al comerciante en posición en el peor momento posible, cuando todos los demás ya han cerrado y se han llevado a casa las ganancias.

La necesidad de tener razón:

Si tu vida real no va bien, no operes, porque los problemas en tu vida personal traerán sangre y lágrimas a tu cuenta de operaciones.

Esto es especialmente cierto cuando tienes problemas para tomar decisiones, que generan un deseo malsano de tener la razón en todas las situaciones. Esta fuerza subconsciente convierte cada operación en un referéndum sobre la autoestima en lugar de ser una apuesta razonada sobre si un precio subirá o bajará.

Apuestas en Quarterly:

Durante el período de salida de beneficios, los valores pueden moverse mucho durante el cierre del mercado, como reacción a los resultados trimestrales.

Los traders principiantes dependen en gran medida de este tipo de movimientos, convencidos de que pueden llegar a la riqueza con los resultados de las apuestas, en lugar de construir una pieza a la vez. Por el contrario, parte de los profesionales quedan al margen de estos movimientos, salvo para poder reducir riesgos con estrategias de opciones.

Ir en contra de la tendencia:

Siempre hemos escuchado el lema "la tendencia es tu amigo", incluso Gann solía decir eso en 1928, pero aún hoy el principiante no escucha este mensaje e intenta vender en nuevos máximos o comprar en nuevos mínimos, sin darse cuenta de que un máximo o mínimo absoluto solo se define como tal posteriormente.

En ambos casos, no se dan cuenta de que una tendencia puede durar mucho más de lo esperado e ir mucho más allá de los objetivos de precios que pensaba.

Ir en contra de la tendencia no está mal, eso sí, pero incluso aquí hay algunas reglas a seguir, en primer lugar, no hacerse una idea, sino mirar los hechos.

Alguien más siempre tiene la culpa:

Un mal hábito es siempre culpar a otra persona por sus pérdidas, en lugar de para ellos mismos.

Antes eran los Market Makers, hoy el HFT y la especulación de los Bancos Centrales, el resultado es siempre el mismo: nadie más que tú viene a hacer clic con el mouse.

No tienes un plan de salida:

Si no tienes un plan comercial, no sabes cuándo salir con ganancias o pérdidas, y corres el riesgo de mantener una posición hasta que tengas un colapso emocional, para bien o para mal.

Esto es incomprensible para un profesional, que nunca entraría en una operación sin haber definido tanto la pérdida potencial como la ganancia posible.

Los 9 miedos al comercio

Maneja tus emociones. Esto no significa no tener o no tener emociones, eso sería imposible. Para mí significa convivir bien con ellos, sin quedar a merced de ellos y deshacerse de los estados de ánimo negativos.

La emocionalidad nos lleva a los extremos: la euforia, la excitación / desánimo y el miedo son las dos caras de una misma moneda, y ambas nos impiden mantener el equilibrio, donde reina la calma, la paciencia y la prudencia (el paraíso del comerciante).

Para simplificar, tengo que decir que la emocionalidad viene del miedo: el miedo a perder, a equivocarse, produce emociones que percibimos como negativas, como el desánimo, pero al mismo tiempo, ese mismo miedo produce euforia cuando es negado por una posición en ganancia.

Cuando operamos con el riesgo de una pérdida monetaria real, nuestro cerebro reptil (sistema límbico) lo interpreta como un peligro real para nuestra supervivencia biológica. Y la supervivencia tiene que ver completamente con el estado emocional que llamamos miedo.

El miedo crea una falta de reactividad, una especie de caja en la que estamos "bien" y de la que preferimos no salir, ya que como hemos visto se crea tanto un punto de vista biológico como psicológico desde el mecanismo de supervivencia, para evitar riesgos, por lo tanto, molestias.

Esta "caja" está hecha por nuestras reacciones automáticas, que limitan las posibilidades, ver, hacer, etc., es la famosa Zona de Confort.

Los 9 miedos del trading

Podemos encontrar 9 tipos de miedos que se manifiestan en el trading, y lo interesante es que estos miedos existían dentro de ti incluso antes de que empezaras a operar, no nacieron en el trading, simplemente en otros contextos podrías evitar tener que enfrentarlos.

Así que comencemos a dar un nombre y a conocer los demonios que guardamos dentro, bajo la superficie.

Miedo a la incertidumbre

En el trading se manifiesta como esa vocecita que, cuando vemos una configuración coherente con nuestro plan de trading, nos susurra "¿Estás seguro? Espera alguna otra confirmación" y mientras tanto vemos la posible operación deslizarse a través de nuestras manos.

En el comercio experimentamos este tipo de miedo cuando tenemos una vacilación, cuando esperamos tener una confirmación de que algo va a suceder; pero en el comercio no hay certezas, solo probabilidades.

Para salirnos del mandato biológico tenemos que gestionar el estado emocional, para poder superar el imperativo que tenemos impresionado en la mente y el cuerpo: tenemos que calmar el cerebro, para que el miedo a lo incierto no abrume nuestros pensamientos racionales necesarios para poder poner en práctica la gestión de riesgos.

Miedo a perder

Este es uno de los miedos más comunes. Este es el momento de la verdad, cuando un trader comprende si está lo suficientemente estable emocionalmente en un momento determinado, cuando el miedo destruye la posibilidad de estar en un estado de calma, disciplina e imparcialidad.

También es el momento en que uno descubre cuán interconectados están la mente y el cuerpo, porque ambos se congelan de miedo. La mente está atrapada en la expectativa de una pérdida inminente, toda la atención se centra en la pérdida.

Creamos la pérdida nosotros mismos, porque solo vemos las posibilidades que nos permite ese estado emocional, y perdemos la imparcialidad de ver las configuraciones como son. Manejar este miedo evita el cortocircuito mental que nos impide seguir las reglas de la gestión de riesgos.

Miedo basado en la urgencia de compensar pérdidas anteriores

Este tipo de miedo a menudo se manifiesta como una mezcla de ansiedad y una sensación de urgencia, que quita la imparcialidad.

En las creencias de muchos traders, no hay margen para perder, es una posibilidad muy remota, probablemente debido al tipo de trabajo previo o entorno social. La diferencia está en la forma de ponerse al frente del mercado: no para sacar del mercado, sino para ver con mucha amplitud de miras si hoy puede darnos algo bueno.

Para convertirnos en traders rentables y exitosos debemos aceptar, pero en el fondo, las pérdidas y comprender qué son. Ahora sabes que estarán allí. Tienes que separar tu actuación de tu identidad como persona.

Miedo de equivocarse o no tener razón.

Si eres un perfeccionista, hasta que no hayas reorganizado tu conocimiento de sí mismo, tendrás dificultades para operar. Incluso, si comprendes que no siempre puedes ganar en el comercio, en un nivel emocional permanecerás apegado a un estándar poco realista de victorias perennes.

Esta actitud mental conduce a un constante diálogo interno negativo, de crítica a la forma de operar o no. En el comercio, el éxito de una operación no está garantizado solo por hacerlo correctamente, por lo que una atención obsesiva y excesiva a la perfección nos hace menos dispuestos a ver el cambio constante del mercado.

Una actitud perfeccionista a menudo esconde la necesidad de control y validación externa de nuestro trabajo, pero el mercado no se puede controlar y es un lugar peligroso para poner su sentido de identidad. Tienes que acercarte al mercado con respeto por lo que no puedes controlar, que es todo menos tú, después de todo.

Miedo a la insuficiencia (validación externa)

Si la necesidad de proporcionar subsistencia se convierte en la necesidad de demostrar su valor y suficiencia como comerciante, esto se convierte en una vulnerabilidad en el comercio.

Si confundes desempeño con identidad, entonces la necesidad de tener una validación externa de su valor se hace cargo. Si desarrollas un fuerte sentido de sí mismo, de tu esencia, puedes trabajar en tu desempeño, evaluarlo sin dolor y desarrollar más habilidades.

Miedo al autosabotaje (enviar todo a un estado de cambio)

El autosabotaje es una profecía autocumplida, que hemos conectado a nuestros neurocircuitos, sobre nuestras expectativas para el futuro.

Miedo a perder la oportunidad (codicia)

El miedo a perder una oportunidad a menudo conduce a la gestión de riesgos, que mantiene una operación dentro de parámetros de riesgo bajos, previamente definidos y aceptables.

A veces sale sin pérdidas, si has sido lo suficientemente

inteligente, pero has puesto la operación al punto de equilibrio, a veces con pérdidas, pero en cualquier caso dada la ganancia ante la pérdida psicológica que hemos sufrido es considerable.

La codicia expulsa la racionalidad y el comerciante comienza a ver todo con los ojos de la codicia y la oposición. En el comercio, si no reconocemos este miedo y aprendemos a manejarlo, quemará nuestra cuenta. Necesitamos desarrollar la fuerza interior y la disciplina para resistir las sirenas de la codicia.

Miedo al fracaso / Miedo al éxito

En el trading puede manifestarse de muchas formas, desde no asumir los riesgos que habíamos tenido en cuenta en nuestro trading, mantenernos fuera del mercado, cerrar una operación rentable demasiado pronto, etc., etc.

Lo que tenemos que hacer es tomar nota de que esta actitud mental viene de lejos, empezar a verla funcionar, y cambiarla poco a poco, construyendo nuevas conexiones cerebrales y nuevas formas de lidiar con las cosas, y sobre todo dándonos finalmente permiso para ganar y para triunfar.

Miedo al crecimiento y al cambio (salir de la zona de confort)

Cada uno de nosotros tiene en mente una cifra que la arreglaría, tanto mensual como anualmente, pero debemos tener cuidado de no convertirla de un objetivo (que incluso puede ser superado) a un muro infranqueable, precisamente porque si llegamos allí, todavía corremos el riesgo de perder lo que hemos ganado. Puede convertirse en la línea en la arena que nos hemos trazado, que no podemos superar, y también una profecía autocumplida.

Cuando intentemos reexaminar nuestras creencias inconscientes, encontraremos que muchas de las cosas que creemos, que no cuestionamos, no son realmente "nuestras", las forjamos en nuestras neuronas y las aceptamos porque ciertamente podríamos no hacer nada más.

Las 6 emociones más comunes en el comercio

Sin duda, las emociones en el trading se encuentran entre los factores más importantes y aprender a gestionarlas es fundamental para ser rentable y seguir siendo rentable a largo plazo.

Se debe hacer una distinción entre emociones y sentimientos: las emociones son energías que tienen una clara manifestación en el cuerpo físico (es de gran ayuda aprender a reconocerlas), son básicamente reacciones a algo que realmente no ha sucedido (pero para la mente humana no hay diferencia).

Cuando somos muy emocionales, nos llena una especie de energía que nos aleja de nuestro centro, de nuestra claridad interior. Nuestro 'niño interior' es el asiento de nuestras emociones. Sabemos que los niños pueden dejarse llevar por sus emociones y muchas veces son incapaces de detenerlas, casi pueden ahogarse en sus propias emociones.

Las 6 emociones más comunes en el trading

<u>Temor</u>

El miedo es una de las dos emociones más frecuentes, se

manifiesta de diversas formas y puede ser la causa de muchos errores comerciales.

El miedo a perder hace que los operadores retrasen el momento de asumir una pérdida, lo que luego se convierte en pérdidas mucho mayores, y el miedo a devolver las ganancias hace que los operadores cierren las operaciones ganadoras demasiado pronto.

Codicia

La codicia (el deseo de aumentar la "posesión") parecería algo bueno, pero en realidad suele ser la causa de una serie de decisiones comerciales impulsivas que deben evitarse.

Los comerciantes que se ven influenciados por la codicia a menudo no se adhieren a los principios de una sólida gestión de riesgos y dinero. La codicia también refuerza la mentalidad de juego que conduce a transacciones no reguladas hechas sobre la base de decisiones impulsivas.

Esperanza

La esperanza, el miedo y la codicia a menudo van de la mano. Los operadores que tienen una posición con pérdidas a menudo muestran signos de esperanza cuando retrasan la pérdida y le dan a la operación más espacio para respirar de lo que anticiparon.

Otro ejemplo de esperanza es cuando los operadores intentan compensar pérdidas pasadas y luego ingresan al mercado con una posición de gran tamaño que no sigue sus reglas.

Agitación / ansiedad

Cada sentimiento de agitación en el comercio es una señal de que algo salió mal. Cuando estás demasiado ansioso en una operación, a menudo es una señal de que tu posición es demasiado grande, que no has seguido las reglas o que no deberías haber abierto esa operación.

Hacer un seguimiento de tu nivel de agitación y preguntarte por qué te sientes ansioso o agitado a menudo, puede ayudarte a salir de operaciones en las que no deberías haber ingresado.

Aburrimiento

El aburrimiento es más un estado mental que una emoción, pero los traders que están aburridos a menudo carecen de concentración y claridad mental. Una señal de falta de atención es cuando se encuentra mirando repetidamente los gráficos de los mismos instrumentos y períodos de tiempo, sin saber lo que está buscando.

Además, cuando pierdes una entrada debido a la falta de atención porque estabas navegando por Internet o haciendo otra cosa, es una señal de que tu enfoque no está donde debería estar. Aclara tus prioridades y cuando estés operando, no te involucres en otras cosas.

Frustración

La frustración también es a menudo la causa de errores comerciales, que resultan de cualquiera de las emociones de las que hemos hablado. Cuando un comerciante pierde una entrada, rompe sus reglas y pierde dinero, asume demasiados riesgos y pierde demasiado dinero y comienza a ver lo que debería haber hecho, la frustración comienza a apoderarse.

La frustración también refuerza todos los patrones de comportamiento negativo en la actividad de un comerciante al intensificar los problemas.

La ley de Pareto en el comercio

Supongo que ya conoces la Ley de Pareto o Ley 80/20:

"La mayoría de los efectos se deben a un número reducido de causas (considerando un gran número)", que luego se formuló como un modelo aplicable en cualquier campo.

El 80% de tus ganancias comerciales provienen del 20% de tus operaciones.

Por lo tanto, el truco consiste en centrarse en lo esencial, aprender a identificar los pocos elementos que realmente funcionan y eliminar lo que es inútil, en particular los hábitos y comportamientos dispersos o improductivos.

Los tres problemas que en general son responsables de la mayoría de las pérdidas son:

<u>Cometer errores que se comen todas las ganancias</u>

Los comerciantes a menudo pueden ser disciplinados durante varias semanas seguidas y tener un desempeño muy bueno. Entonces, de repente, algo les viene a la mente y con solo una operación eliminan semanas de ganancias, generalmente mediando una posición con pérdidas o ampliando (o peor aún, eliminando) el stop loss.

Aquí, a menudo, una forma de mejorar y resolver esto es

comenzar a realizar un seguimiento de tus errores, contextualizándolos en todos los niveles, en tu diario comercial emocional, para que puedas obtener estadísticas sobre tu frecuencia y comenzar a trabajar en los más serios como resultados.

Convertir ganancias en pérdidas debido a una mala gestión comercial

Una vez que ingresas al mercado, tal vez bien y de acuerdo con tus propias reglas, puede ocurrir que un comerciante no sepa qué hacer porque solo estaba enfocado en la entrada, o que las reglas de gestión comercial no se sigan adecuadamente porque son impulsado por la ansiedad del mercado.

Tener un buen plan comercial y seguirlo puede mejorar estos aspectos.

Palanca demasiado alta

Especialmente al principio, los sueños de riqueza fácil dejan muchas víctimas en el campo, esto se debe a que, si no administras cuidadosamente el nivel de riesgo al que se somete en cada operación que realizas, el uso de un alto apalancamiento traerá rápidamente la cuenta a cero.

Antes incluso de comenzar, es mejor estudiar un poco de Administración del dinero para comprender claramente tanto la administración de riesgos como el tamaño adecuado de la posición.

Pequeñas sugerencias finales

El éxito en el comercio es 80% psicología y 20% metodología

Si el sistema de comercio perfecto se publicara en la portada del Wall Street Journal, solo el 10% de las personas que lo aplicaron serían rentables, el resto continuaría perdiendo dinero.

¿Porqué es eso? La causa es la falta de autocontrol y confianza. Desde muy pequeños estamos acostumbrados a ganar poder para poder manipular y forzar el cambio y seguir nuestro destino. Esta es la única forma en que se nos enseña a lograr nuestras metas en la vida.

¡Esta actitud mental correcta no funciona en el entorno comercial! Manipular el mercado es algo que está más allá de nuestras capacidades y nuestro control.

La única parte del comercio que podemos controlar somos nosotros mismos.

¿Cómo se logra el autocontrol y la confianza?

El autocontrol se logra mediante el ejercicio de la disciplina y el logro de la confianza mediante la mejora constante de las habilidades comerciales.

En el mercado, tú y solo tú deben tomar las decisiones, y deben tener la disciplina para compartir las decisiones que toman. Un comerciante tiene el poder de darse dinero a sí mismo o de dar su dinero a otra persona. En el entorno comercial, un comerciante tomará sus propias decisiones y, por lo tanto, necesita la disciplina para ser coherente con sus propias reglas.

La cuestión de las estadísticas

Como comerciante, ¿estás dispuesto a admitir que tu sistema comercial simplemente está pasando por un período de pérdidas?

Todos atraviesan períodos en los que nuestras entradas al mercado generan pérdidas consecutivas, y luego comenzamos a pensar ... Son los pensamientos negativos los que afectan negativamente nuestra confianza, lo que también puede conducir a grandes pérdidas.

Al mismo tiempo, ganarán muchos traders que recién están comenzando. Estas ganancias erosionarán la humildad inicial de estos comerciantes, además de intensificar tu codicia.

Este es un problema muy serio. Muchos comerciantes han tenido que lidiar con este tipo de problemas. Superar este tipo de barrera psicológica es crucial para el éxito de un operador.

Entonces, la lección que debes aprender es: ¡aplique tus reglas! Digamos que comienzas con una cuenta de $ 5,000 y arriesgas un máximo del 1% de tu saldo en cada operación. Con esta estrategia, tendrás que fallar 100 veces seguidas para borrar tu cuenta. ¿Crees que es probable que pierdas 100 veces seguidas? ¡Solo si no aprendes de tus errores!

Si puedes ajustar tu disciplina para seguir las reglas de tu sistema de comercio, habrás eliminado el peligroso "factor humano" de tu comercio. Este será realmente un paso importante para convertirte en un comerciante de éxito.

Recuerda: ¡no te guardes tus problemas comerciales!

En primer lugar, hay algunas cosas que todos debemos entender, sin importar dónde te encuentres como comerciante:

Desde un punto de vista psicológico, el entorno comercial tiene la posibilidad de cumplir con las expectativas más amplias de independencia y libertad financieras, mientras que, al mismo tiempo, también existe la posibilidad de arriesgar todo lo que posee en términos financieros.

Tú, como comerciante, tendrás que controlarte a ti mismo de una manera que puede ser completamente desconocida para ti, y esto no es menos absolutamente esencial para cualquier tipo de éxito a largo plazo en este y otros mercados similares.

El entorno comercial te brinda la oportunidad de experimentar una total libertad de expresión combinada con un sinfín de posibilidades y riesgos.

¿Cómo respondería un trader novato a las siguientes preguntas?

- ¿Estás preparado para perder?
- ¿Puedes permitirte perder?
- ¿Tú, como comerciante, siempre quieres proteger tu capital?

Muchos traders se convencen a sí mismos de que han encontrado un comercio seguro y, por lo tanto, no colocan ningún stop-loss, como dicta la regla. Inevitablemente, tendrán que hacer malabarismos para no perder gran parte de su capital.

Esta es una vieja historia escuchada muchas, muchas veces por los visitantes de Live Trading Room. "¡Tengo razón, es el mercado el que está mal!" Muchos traders novatos tienen la idea errónea de que los negocios comerciales ocurren naturalmente. Creen que son los únicos que están calificados para triunfar sin estudiar y adquirir experiencia.

La cuestión de Drawdown

Con un enfoque disciplinado que sigue estrictamente tus reglas, no necesitarás buscar el Santo Grial de las señales de entrada. Mantén tu sistema actual y conviértelo en tu Santo Grial desglosando la reducción.

¿Cómo bajo mi drawdown?

Hay varias estrategias para operar con una reducción limitada. Por ejemplo, el Estudio de probabilidad, cuando puede identificar con bastante precisión la dirección del mercado en las próximas horas y luego ejecutar órdenes en esa dirección.

Como resultado tendremos que, aunque nuestra entrada no tenga una sincronización perfecta, con solo haber entrado en la dirección diagnosticada, tendremos un sistema de entrada de alta eficiencia y una disminución del drawdown dada por la disminución de pérdidas consecutivas.

Tú eres el sistema de comercio

Muchos traders novatos tienen demasiada prisa y están impacientes. Tienen expectativas poco realistas acerca de hacer un montón de dinero rápidamente y en el corto plazo. Esta es la causa de romper las reglas (si es que las tienen). Probablemente nos acerquemos a la verdad si pensamos que una buena metodología comercial por sí sola hará ganar dinero.

Tú, como comerciante, es la verdadera estrategia comercial. Tú eres el "Sistema de Trading", y cuando puedes combinar un poco de paciencia con disciplina para esperar el momento adecuado, de acuerdo con tus pautas y reglas (incluso si traicionas con solo dos promedios móviles), estarás en el camino correcto.

¡Mantén limpio tu comercio!

Si estás en el lado perdedor, ¿por qué no comienzas a exportar hasta el 1% de tu capital por operación y realiza un seguimiento de tus operaciones? Recuerda que, si puedes disminuir tu drawdown, puedes exponerte más al final del día para aumentar tus ganancias.

Sin embargo, debes mantener tu reducción en orden antes de continuar con el siguiente paso. (Casi como si tuvieras que dar un paso atrás primero para poder dar tres pasos adelante).

Al hacer trampa con las pautas, la administración del dinero y la psicología, estos factores son definitivamente mucho más importantes de lo que parece. ¡No se engañen!

Discutamos la especulación

Especular es dedicar dinero con la esperanza de obtener un beneficio extraordinario, basado en la asunción de riesgos y posibles beneficios asociados con cada operación individual.

Muchos de nosotros somos especuladores. Usamos una serie de estrategias basadas en un conjunto de reglas y / o una serie de indicadores y luego escaneamos pares de divisas para capturar ganancias de movimientos a corto plazo.

Dicho esto, hablemos del fabuloso mundo del "juego": El juego implica apostar por un éxito incierto y aceptar el riesgo por la emoción del juego y aceptar el veredicto, ya sea que tenga rendimientos positivos o negativos.

¿Por qué debemos tener esto en cuenta? ¿No te hace pensar que a veces lo que estamos haciendo todos los que estamos en el mercado es apostar? Para ser honesto, ¡sí! A veces hago esta interesante consideración. Piénsalo de esta manera: paga dinero para adquirir un método vendido por comerciantes profesionales y comenzar a operar, ¡pero te hace perder dinero!

¿Por qué está pasando esto? Porque de hecho eres un jugador. Sí, querido amigo, lo eres. Cada ser humano en este vasto mundo es diferente. Los gurús del comercio que venden sistemas de comercio son parte del sistema y, como te dan un método, no lo haces de la misma manera porque no piensas de la misma manera y al mismo tiempo estás apostando.

¿Entonces, qué aprendemos de esto?

"Para convertirse en un comerciante exitoso, primero debes ser completamente disciplinado en lo que haces, antes de pensar en tomar un método de otra persona y usarlo".

Los traders necesitan una ventaja, y es lógico cambiar de un jugador a un especulador con buenas posibilidades de ganar. Mantén tu sistema de entrada al mercado, cualquiera que sea, y ejecútalo en un contexto determinado.

Por ejemplo, utilizando el estudio de probabilidad, aunque solo sea para eliminar pérdidas consecutivas. Revisa tus transacciones: cada vez que se borra una cuenta, sucede cuando sufre una serie de pérdidas consecutivas. Traicionar en un contexto elimina estas pérdidas consecutivas.

Olvídate de la búsqueda del Santo Grial, tú eres el Santo Grial.

Retira tu estrategia perdedora (sistema de entrada al mercado) y conviértela en la tuya. Realizando solo esas entradas de alta probabilidad, incluso si no ganas mucho dinero de inmediato. Si logras reducir tus pérdidas consecutivas, el dinero irá a tus bolsillos una y otra vez y solo después de que tengas en cuenta tus operaciones, te darás cuenta de cuánto es tu retiro. Una vez que conozcas tu reducción, puedes exponerte a estar de acuerdo y obtener más ganancias al final del día. Para convertirte en un operador exitoso, primero debes seguir estos pasos y alcanzar tus objetivos.

CONCLUSIÓN

Si estás leyendo la conclusión, significa que has llegado al final del libro.

Espero que haya sido una lectura agradable y que la información haya sido interesante.

Espero que, de todo esto, aprendas a descubrir tu verdadero éxito en la vida. Podrás encontrar tus talentos y aprovecharlos al máximo, podrás combinar unos pequeños hábitos en la vida y en el trading que te llevarán a mejorar ambos. Estoy seguro de que después de leer este libro, en el momento adecuado, ¡podrás saltar al estanque y no al agua caliente!

Te deseo mucho éxito en el comercio y otros esfuerzos, ¡qué tengas una gran vida!

www.ingramcontent.com/pod-product-compliance
Lightning Source LLC
LaVergne TN
LVHW040439051026
849517LV00002B/672